Claudia Stosik

Kommunikation
im
GETEILTEN DEUTSCHLAND

Briefwechsel, Westpakete, Besuchsreisen
…. auf gleichwertiger Ebene?

Engelsdorfer Verlag
Leipzig 2023

Titelbild:

Potsdamer Platz 1986: Blick über die Mauer nach Ostberlin

Zur Autorin:

Claudia Stosik, geb. 1961 in Dresden, Studium der Geschichte und Kulturwissenschaften an der staatlichen Fernuniversität Hagen. Masterarbeit über die Schulklasse ihres Vaters: „Die Kriegsjahre 1943-1944 und die Fürstenschüler von St. Augustin zu Grimma – Schuljahrgang 1939-1945“

Bibliografische Information durch die Deutsche Nationalbibliothek: Die Deutsche Nationalbibliothek verzeichnet diese Publikation in der Deutschen Nationalbibliografie; detaillierte bibliografische Daten sind im Internet über https://dnb.de abrufbar.

ISBN 978-3-96940-648-9

Hergestellt in Leipzig, Germany (EU)
Gedruckt auf FSC®-zertifiziertem Papier

www.engelsdorfer-verlag.de

16,00 Euro (DE)

Inhaltsverzeichnis:

Vorbemerkung

Die Kommunikation zwischen Ost und West fand trotz erschwerter Bedingungen auf vielfältige Weise statt. Gegenseitige Besuche wären natürlich das Optimale gewesen, aber lange Zeit war das für die meisten Familien nicht möglich, zumindest nicht für die Menschen, welche noch nicht das Rentenalter erreicht hatten. Vor dem Mauerbau im August 1961 war es nicht einfach, Verwandte im Westteil zu besuchen, aber nach dem 17. Juni 1953 änderten sich die Bestimmungen auch für Personen, die sich noch im Arbeitsleben befanden. Umgekehrt gestalteten sich die Einreisebedingungen in den 1950er Jahren für Westdeutsche ziemlich unterschiedlich, es gab keine Regel, man wusste nie, ob die Aufenthaltsgenehmigung erteilt wird oder nicht. Nach 1961 war nichts mehr einfach. Das Hauptaugenmerk dieser Publikation richtet sich auf die Zeit ab dem Berliner Mauerbau. Im ersten Kapitel werden die Ereignisse, die schließlich zur Teilung Deutschlands führten, knapp erläutert. Im zweiten Kapitel werden die 1950er Jahre im Bezug zum Alltag der Menschen aufgezeigt. Anhand schriftlicher Quellen wird ein kleiner Einblick in dieses Jahrzehnt gewährt.

Ein wichtiger Teil der Kommunikation zwischen den einzelnen Verwandten, Bekannten und Freunden waren die jahrzehntelang geführten Briefverbindungen[1]. Auch Postkarten schrieb man – nicht nur aus dem Urlaub. Aber wer hat heute noch die Briefe und Postkarten aus vergangener Zeit, die als wichtige Quelle dienen, aufbewahrt?
Dazu schrieb der Vater der Autorin:

---

1 Anm.: Literaturhinweis zum Thema Briefwechsel: Dietzsch, Ina: Grenzen überschreiben? Deutsch-deutsche Briefwechsel 1948-1989, Köln 2004 (Dissertation)

„Aber die ergiebigste Quelle sind wieder unsere Briefe, die wir an meine Eltern geschrieben haben. Mein Vater hat dafür gesorgt, dass sie lückenlos erhalten blieben. Nach Jahrgängen sortiert, füllen sie jetzt bei mir acht Ordner. Wir berichteten darin über die Probleme des Alltags jener Jahre, über die Kinder, über unseren Urlaub und anderes.

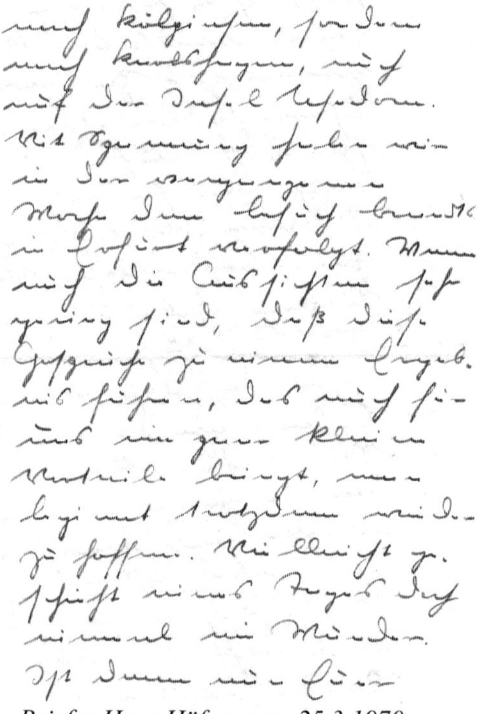

Brief v. Hans Hüfner vom 25.3.1970 an die Eltern in Groitzsch[2]

2 Anm.: „Übersetzung“ von Teilen des Briefes im Kapitel „Über die politischen Entwicklungen“, S. 191

Viel Belangloses ist dabei, aber es ist ein unverfälschtes Spiegelbild der Zeit. Und nicht nur das: sie dokumentieren auch ganz aktuell den wechselvollen Alltag von Familien, in einer Form und in einer Vollständigkeit, wie das in Zukunft zwar noch möglich, aber dank der fortgeschrittenen Kommunikationstechnik kaum noch nötig sein wird."[3]

Weil viele Hunderte Briefe gesammelt und erhalten worden sind, ist es naheliegend, passende Textstellen zum jeweiligen Thema oder Ereignis zu zitieren. Außer den eben genannten Quellen wertete ich mehrere hundert Postkarten und Briefe aus, welche ein breites Meinungsspektrum ergeben. Anzumerken wäre, dass die vorliegende Publikation keinen Anspruch auf Vollständigkeit erhebt, indem alle Aspekte berücksichtigt werden. Es sind persönliche Meinungen und Ansichten der Menschen, die diese Zeit erlebt haben, – also Zeitzeugen –, wobei der Unterhaltungswert nicht zu kurz kommt. Grundlegende Erkenntnisse zum Thema brachten verschiedene Bücher und Dissertationen[4], allerdings zeigen sich immer wieder neue Facetten, so dass das Thema unerschöpflich bleibt.

Die persönlichen Mitteilungen zwischen Ost und West wirken authentisch, manch einer schrieb ganz unverblümt seine Meinung, selbst wenn diese Äußerungen auf politischer Ebene nicht DDR-konform ausfielen. Die Namen, Adressen sowie andere persönliche Angaben der verwendeten Postkarten und Briefe werden selbstverständlich nicht erwähnt. Die Vornamen wurden teilweise geändert.

---

3 Hüfner, Hans: Zeitgeschichte aus der Froschperspektive Teil III, 26.-31. Kapitel, S. 9

4 Anm.: Literaturhinweis: Soch, Konstanze: Eine große Freude? Der innerdeutsche Paketverkehr im Kalten Krieg (1949-1989), Frankfurt am Main 2018 (Dissertation)

Besonders interessant sind die Aussagen der 1960er und 1970er Jahre, weil von den Schreibenden mitunter politische Meinungen zum Tagesgeschehen geäußert wurden, die aus heutiger Sicht eher harmlos klingen. Trotz allem war Vorsicht angebracht! Inwiefern die Briefe einer intensiven Kontrolle unterzogen wurden, weiß man nicht. Nicht wenige Briefe verschwanden spurlos. Auf Grund der altdeutschen sowie spezifischen Handschriften werden die DDR-Behörden sowieso kaum in der Lage gewesen sein, die Texte zu entziffern, es sei denn, es arbeiteten speziell ausgebildete Schriftexperten in den Zollbehörden oder sonstigen Einrichtungen.

Die chronologische Reihenfolge kann nicht immer eingehalten werden, weil einige Themen inhaltlich unterschiedlichen Kapiteln zugeordnet werden können.

***

Zusammenfassendes zur Entscheidung der Teilung Deutschlands

An dieser Stelle soll nur ein kleiner Überblick über die Ereignisse seit der Gründung der DDR gegeben werden, um die späteren Konsequenzen für die Menschen auf beiden Seiten zu verstehen.

„Nationalfeiertag der DDR (1949 Gründung der DDR), war einst unter dem 7. Oktober in unseren Kalendern vermerkt. Noch erinnert man sich daran. Man weiß auch, dass die Gründung sowohl der DDR als auch der Bundesrepublik Deutschland eine Folge der Besetzung Deutschlands durch die Siegermächte des Zweiten Weltkrieges war. Nach der bedingungslosen Kapitulation erfolgte die Besetzung Deutschlands durch die alliierten Streitkräfte. Abweichend von der ursprünglichen Konzeption wurde von der amerikanischen Besatzungsmacht eine vierte Besatzungszone für die Französische Republik abgetrennt. Der Grenzverlauf zwischen der sowjetischen und den westlichen Besatzungszonen blieb davon unberührt.

Die am 17. Juli 1945 beginnende Potsdamer Konferenz war der Versuch, die politischen, territorialen und wirtschaftlichen Probleme zu lösen, die der Zweite Weltkrieg in Europa und besonders in Deutschland hinterlassen hatte. Erst als die Potsdamer Konferenz infolge grundlegender Meinungsverschiedenheiten über die Reparationsleistungen zu scheitern drohte, wurde statt der „gemeinsamen Richtlinien hinsichtlich der Reparationen“ als Kompromiss vereinbart, dass die Reparationsansprüche der

Besatzungsmächte aus den von ihnen besetzten Zonen erfüllt werden sollten."[5]

Dazu auch Wolfgang Benz in seinem Buch „Potsdam 1945":

> „Eine Teilung des Reparationsgebiets in eine östliche und eine westliche Hälfte und die gleichzeitig erteilte Vollmacht an die Zonenkommandanten, das Reparationsproblem auf zonaler Basis zu regeln, war der entscheidende Schritt zur Aufteilung Deutschlands auf die Interessensphären der beiden konkurrierenden Weltmächte. Das Postulat, dass Deutschland weiterhin als Wirtschaftseinheit zu behandeln sei, war dagegen wenig wert."[6]

„Der beginnende Ost-Westkonflikt führte im „Kalten Krieg" schließlich zur offenen Konfrontation der beiden Großmächte, die nach der Auflösung des Kontrollrates, der Währungsreform in den drei westlichen Besatzungszonen und der Berlinblockade folgerichtig auch die förmliche Teilung Deutschlands durch die Gründung zweier deutscher Staaten zur Folge hatte. In Kurzfassung: Nach Erlass des „Besatzungsstatutes", wurde am 23. Mai 1949 mit der Verkündung des „Grundgesetzes" die Bundesrepublik Deutschland gegründet."[7]

***

5 Hüfner, Hans: Alltag in der DDR – aus der sowjetischen Besatzungszone wird die Deutsche Demokratische Republik, S. 3 f. Unveröffentlichte Quelle

6 Benz, Wolfgang: Potsdam 1945, S. 110

7 Hüfner, Hans: Alltag in der DDR ebd., S. 5

Gründung der DDR

„Bis dahin hatte die Sowjetunion die Bestrebungen der SED-Führung[8], die Zonenverwaltung der SBZ in eine staatsrechtliche Form zu überführen, abgelehnt und stattdessen eine Intensivierung der nationalen Agitation angestrebt, eine alle Deutschen umfassende „Nationale Front“ zu schaffen, mit dem Ziel der Neutralisierung Deutschlands. Nach der Gründung des westdeutschen Staates betrachtete man aber auch in Moskau die Bildung eines ostdeutschen Gegenstückes als einzig mögliche Alternative, was schließlich am 27. September 1949, nach Abstimmung mit der SED-Führung, die förmliche Zustimmung zur Gründung der Deutschen Demokratischen Republik zur Folge hatte.

Am 7. Oktober 1949 trat der aus dem „Volkskongress“ hervorgegangene „Volksrat“ zusammen und konstituierte sich als „Provisorische Volkskammer“, welche am 11. Oktober die Verfassung der DDR in Kraft setzte. Der „*Entwurf einer Verfassung der Deutschen Demokratischen Republik*“ war vom „Volksrat“ bereits am 30. Mai 1949, sieben Tage nach der Verkündung des „Grundgesetzes“, verabschiedet worden. Daran ist erkennbar, dass auch in der SBZ die Vorbereitungen zur Staatsgründung so weit gediehen waren, dass jederzeit auf entsprechende Herausforderungen durch Gründung eines eigenen Staates reagiert werden konnte.“[9]

---

8 SED = Sozialistische Einheitspartei Deutschlands
SBZ = Sowjetische Besatzungszone

9 Hüfner, Hans: Alltag in der DDR – aus der sowjetischen Besatzungszone wird die Deutsche Demokratische Republik, S. 5 f.; Anm.: Literaturempfehlung zum Thema: Staritz, Dietrich: Die Gründung der DDR – von der sowjetischen Besatzungsherrschaft zum sozialistischen Staat

Fazit:
Die Gründung der beiden deutschen Staaten erfolgte in erster Linie zur Wahrung der wirtschaftlichen und machtpolitischen Interessen der Besatzungsmächte – also das Ergebnis außenpolitischer Konstellationen.

***

Reiseverkehr vor und nach Gründung der DDR

Der Vater der Autorin schrieb zur Gründung der DDR bzw. der Zeit davor seine Gedanken auf, die auszugsweise an dieser Stelle zitiert werden.

„In den folgenden Jahren bis zur Gründung der beiden deutschen Staaten und darüber hinaus, gab es offenbar noch keine eindeutigen Bestimmungen für den Reiseverkehr aus der SBZ bzw. der jungen DDR nach den westlichen Besatzungszonen, später der Bundesrepublik Deutschland und in der Gegenrichtung. Vermutlich war es anfangs noch ein Privileg der Besatzungsmächte, Reisegenehmigungen auszustellen, die als „Interzonenpass" bezeichnet wurden. Ein derartiger „Interzonenpass", so lautete die Kurzbezeichnung, ausgestellt im Jahr 1950 auf den Namen meines Bruders W., liegt mir im Original vor.[10] Ein zweiter „Interzonenpass" aus dem Jahr 1949, gleichfalls für meinen Bruder, ist deshalb interessant, weil darauf vermerkt ist: „mit Fahrrad". Offenbar gab es auch zu Beginn der fünfziger Jahre noch keine allgemein gültigen Bestimmungen für die Einreise von Bundesbürgern zum Besuch ihrer Verwandten in der DDR und betreffs der Aufenthaltsdauer.

---

10 Anm.: Abbildung auf der nächsten Seite

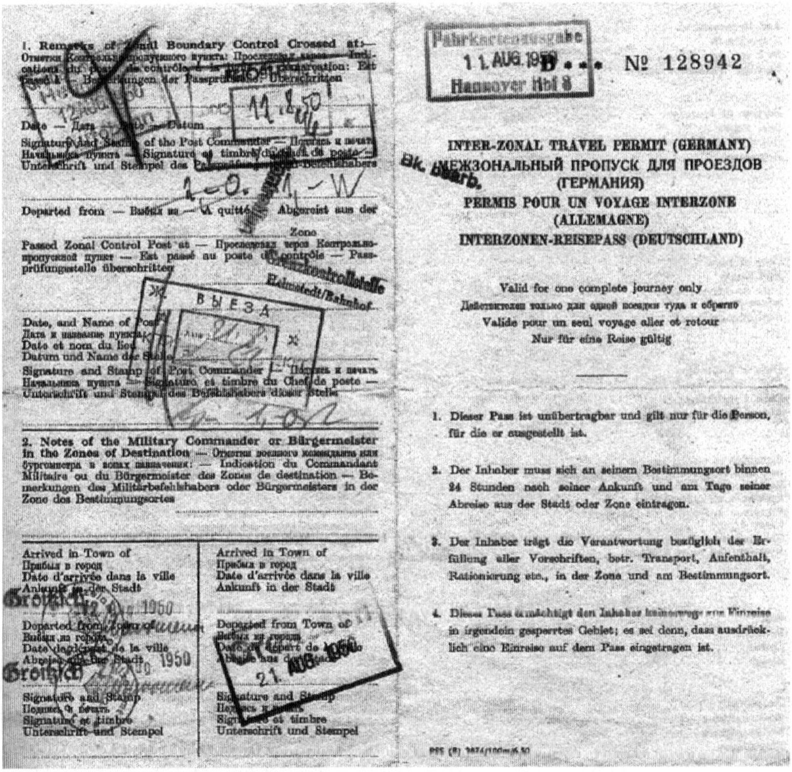

1. Remarks of Zonal Boundary Control Crossed at:—
Отметки Контрольно-пропускного пункта: Пресечена зона — Indications du poste de contrôle de la zone d'observation: Est passé à — Bemerkungen der Passprüfstelle: Überschritten

Date — Дата — Date — Datum

Signature and Stamp of the Post Commander — Подпись и печать Начальника пункта — Signature et timbre du chef de poste — Unterschrift und Stempel des Passprüfungsstellen-Befehlshabers

Departed from — Выбыл из — A quitté — Abgereist aus der Zone

Passed Zonal Control Post at — Проследовал через Контрольно-пропускной пункт — Est passé au poste de contrôle — Passprüfungsstelle überschritten

Date, and Name of Post
Дата и название пункта
Date et nom du lieu
Datum und Name der Stelle

Signature and Stamp of Post Commander — Подпись и печать Начальника пункта — Signature et timbre du Chef de poste — Unterschrift und Stempel des Befehlshabers dieser Stelle

2. Notes of the Military Commander or Bürgermeister in the Zones of Destination — Отметки военного коменданта или бургомистра в зонах назначения: — Indication du Commandant Militaire ou du Bürgermeister des Zones de destination — Bemerkungen des Militärbefehlshabers oder Bürgermeisters in der Zone des Bestimmungsortes

Arrived in Town of Прибыл в город Date d'arrivée dans la ville Ankunft in der Stadt	Arrived in Town of Прибыл в город Date d'arrivée dans la ville Ankunft in der Stadt
Departed from Town of Выбыл из города Date de départ de la ville Abreise aus der Stadt	Departed from Town of Выбыл из города Date de départ de la ville Abreise aus der Stadt
Signature and Stamp Подпись и печать Signature et timbre Unterschrift und Stempel	Signature and Stamp Подпись и печать Signature et timbre Unterschrift und Stempel

Fahrkartenausgabe 11. AUG. 1950 Hannover Hbf 8

B ... № 128942

INTER-ZONAL TRAVEL PERMIT (GERMANY)
МЕЖЗОНАЛЬНЫЙ ПРОПУСК ДЛЯ ПРОЕЗДОВ (ГЕРМАНИЯ)
PERMIS POUR UN VOYAGE INTERZONE (ALLEMAGNE)
INTERZONEN-REISEPASS (DEUTSCHLAND)

Valid for one complete journey only
Действителен только для одной поездки туда и обратно
Valide pour un seul voyage aller et retour
Nur für eine Reise gültig

1. Dieser Pass ist unübertragbar und gilt nur für die Person, für die er ausgestellt ist.

2. Der Inhaber muss sich an seinem Bestimmungsort binnen 24 Stunden nach seiner Ankunft und am Tage seiner Abreise aus der Stadt oder Zone eintragen.

3. Der Inhaber trägt die Verantwortung bezüglich der Erfüllung aller Vorschriften, betr. Transport, Aufenthalt, Rationierung etc., in der Zone und am Bestimmungsort.

4. Dieser Pass ermächtigt den Inhaber keineswegs zur Einreise in irgendein gesperrtes Gebiet; es sei denn, dass ausdrücklich eine Einreise auf dem Pass eingetragen ist.

Interzonenpass aus dem Jahr 1950

Meine Schwägerin, die Ehefrau meines Bruders W., war seit Beginn des Jahres 1951 für mehrere Monate in Groitzsch bei meinen Eltern, wo im März ihr Sohn geboren wurde. Ihre Abreise aus Groitsch muss dann unter dramatischen Umständen erfolgt sein. Wie aus einem Brief hervorgeht, musste sie „Hals über Kopf die DDR verlassen“[11].

11 Hüfner, Hans: Alltag in der DDR, Westreisen, Ausreisen, Ausreißer, S. 147

Anmerkung: Auch Weihnachten 1952 erhielt die Familie noch keine Aufenthaltsgenehmigung für die DDR – dazu ausführlich im Kapitel: „Weihnachten 1952“ auf Seite 17.

„Mit der Gründung der beiden deutschen Staaten waren die Aussichten auf Normalisierung insbesondere des Reiseverkehrs in Deutschland nicht besser geworden. Jederzeit musste man mit Postsperren rechnen, dass Einreisegenehmigungen versagt wurden. Zwei meiner Brüder lebten damals bereits in den westlichen Besatzungszonen bzw. in der Bundesrepublik. Meine Eltern waren also von diesen Problemen unmittelbar betroffen.

Rückblick Frühjahr 1949:
Pfingsten 1949 besuchte uns mein Bruder Werner mit dem Fahrrad von Hannover aus, mit einem neuen Fahrrad, das damals genau so viel Aufsehen erregte wie später ein rasantes „Westauto“, mit einer neuen Kleinbildkamera und mit Schuhen angetan, die uns die Augen übergehen ließen. Damit begannen auch die nicht enden wollenden Gespräche und Vergleiche über die Kaufkraft der Westmark gegenüber unserer Währung, die erst vierzig Jahre später ein Ende fanden.“[12]

***

12 Hüfner, Hans: Gründung der DDR, S. 65 in: Stosik, Claudia (Hg. 2018): Man hat´s nicht leicht, so als Student – Architekt wollte er werden – Zeitgeschichte der Jahre 1948 bis 1954

Das geteilte Deutschland in den 1950er Jahren

Weihnachten 1952

Es ist Dezember 1952: Der Bruder meines Vaters beabsichtigte mit seiner Familie über Weihnachten zu seinen Eltern nach Sachsen zu reisen. Er verließ noch vor der Gründung der DDR seine Heimat nahe Leipzig. Die Bedingungen in der sogenannten „Ostzone" waren damals alles andere als einfach – überfüllte Züge, um zur Arbeit zu gelangen, ein leerer Magen, da Lebensmittelkarten nur das Nötigste boten, unklare politische Verhältnisse und vielleicht auch persönliche Gründe bewogen viele junge Menschen in der Nachkriegszeit, ihr Glück in der Westzone zu versuchen. Obwohl er nie in der DDR gewohnt hat, verwehrte man ihm und seiner Familie die Einreise. Alternativen mussten gesucht werden. In einem Brief an die Eltern in Groitzsch schrieb er seine Meinung.

„So sehr wir uns über den langen Brief gefreut haben, umso weniger erfreulich war der Inhalt betreffs der Aufenthaltsgenehmigung. Ich glaube, nun können wir uns wohl damit abfinden, das Weihnachtsfest in der Fremde zu feiern. Da könnte ja nur noch ein Wunder eine Änderung bringen. Und darauf werden wir wohl vergeblich warten. Der Papa scheint sich ja allerhand Schreiberei wegen der Genehmigung gemacht zu haben. Leider scheint das aber auch nicht zu helfen. Das Antwortschreiben von der Volkskammer besagt ja auch gar nichts. Daß es keine Aufenthaltsgenehmigungen gibt, wissen wir ja schon selber, und daß es zur Ausgabe von Aufenthaltsgenehmigungen eines patriotischen Kampfes bedarf, ist für uns gewöhnlich Sterbliche unverständlich. Da müssen wir uns eben auf nächstes Jahr vertrösten. Vielleicht ist dann der patrioti-

sche Kampf in Ost und West zu Ende.[...]. *Wir hatten uns schon ausgedacht, Euch den kleinen* [Enkel] *über die Feiertage zu bringen. C. wäre mit dem Interzonenzug nach Westberlin gefahren. Jemand von Euch wäre dann nach Magdeburg gekommen und C. hätte dort den Kleinen zum Fenster heraus gereicht. Zurück wäre es umgekehrt gegangen. Durch Gunters Einladung* [in München] *ist das wohl nun hinfällig geworden. Man kann das aber trotzdem mal im Auge behalten, denn sonst erkennt Ihr ihn ja überhaupt nicht mehr wieder, wenn der Kampf der patriotischen Kräfte noch lange dauert.*[...].[13]

In einem Brief an die Eltern vom 7. Januar 1953 schilderte er noch einmal seine Gedanken zum Weihnachtsfest.

„Wenn es auch schon sicher war, daß wir uns nicht treffen dürfen, so hat man doch im Stillen noch ein ganz klein bißchen Hoffnung gehabt, daß es in letzter Minute noch klappen könnte. Es sollte eben nicht sein. Hoffen wir nun, daß bis zum nächsten Weihnachtsfest die Patrioten ausgekämpft haben und wir uns jetzt schon auf ein Wiedersehen in der Heimat freuen können."

Um einander zu sehen, kamen die Menschen auf die ausgefallensten Ideen. Einen kleinen Jungen zum Zugfenster hinaus zu reichen, grenzt schon an Absurdität. Das barg ja auch ein nicht zu unterschätzendes Risiko mit sich. Was wäre gewesen, wenn die „Rückübergabe" nicht geklappt hätte? Die DDR-Behörden hätten es fertig gebracht, den Eltern ihr Kind vorzuenthalten. Aber aller Wahrscheinlichkeit nach wurde die Idee nicht in die Realität umgesetzt.

***

13 Brief v. 4.12.1952 von W. in Hannover an Eltern Hüfner in Groitzsch

Der 17. Juni 1953 – Volksaufstand

Anhand von schriftlichen Quellen wird in Kurzfassung die Situation in den 1950er Jahren dargestellt. Zu diesem Thema meinte der Autor Hans Hüfner:

„Nach dem Beschluss des 2. Parteitages der SED vom 9. Juli 1952, den Sozialismus aufzubauen, sah die Situation so aus: Die innenpolitische Lage spitzte sich im Laufe des Frühjahrs 1953 weiter zu, bis am 11. Juni 1953 mit der Verkündung des „Neuen Kurses“ eine radikale Kehrtwendung erfolgte, und der Aufbau des Sozialismus in der DDR zunächst einmal abgebrochen wurde. Auch der Tod Stalins am 5. März 1953 hatte seinen Anteil an dieser Entwicklung. Die Verkündung des „Neuen Kurses“ trug nicht zur Entschärfung der Situation bei, sie wurde, ganz im Gegenteil, zum Auslöser für die Ereignisse des 17. Juni. Es war zu spät, um das Volk zu beschwichtigen. Es folgte der Ausnahmezustand, die Panzer.“[14]

Zeitnah beantwortete mein Großvater am 22. Juni 1953 einen Brief meines Vaters Hans Hüfner vom 18. Juni 1953 – also unmittelbar nach dem Volksaufstand. Es ist ein langer ausführlicher Brief, wobei er seine Gedanken, Hoffnungen und Erlebnisse dieses 17. Juni´s beschreibt.

„Heute kam Dein Brief vom 18. Juni an. Daß auch in Dresden was los war, hat sich ja auch bis zu uns durchgesprochen, von irgendeiner amtlichen Seite erfährt man ja nichts. In der Zei-

14 Hüfner, Hans: Kuriose Grenzgeschichten – Mai 1945 bis November 1989, S. 35 (Hrsg. v. C. Stosik); Hüfner, Hans: 17. Juni 1953 – Volksaufstand in: Man hat´s nicht leicht, so als Student, S. 134 f. (Hrsg. v. C. Stosik)

tung steht ja nur, daß in Berlin von faschistischen Elementen u. westlichen Agenten ein Aufruhr inszeniert worden ist. Aber was in Leipzig, Dresden usw. los war, davon schreibt keine Zeitung, wenn da auch überall in der Zone[15] *westliche Agenten im Spiele wären, da müßten diese auf rätselhafte Weise in die Zone gesetzt worden sein. Aber jedenfalls das Bewundernswerte ist geschehen, ohne Bühne, ohne Organisation hat sich die Zone wie ein Mann verhalten. In Berlin fing es an u. schon am nächsten Tage war die ganze Zone von Nord bis Süd rebellisch. Wer hätte dieses für möglich gehalten. An einer solchen spontanen Bewegung der Bevölkerung der Zone hätte unsere Regierung nichts weiter tun können als gehen, aber leider waren die russischen Panzer stärker als die unbewaffneten Menschen. Momentan ist die Flamme erlöscht, aber unter der Asche glimmt es weiter. Unsere DDR hat wohl die öffentlichen Gebäude beflaggen lassen, es soll wahrscheinlich die Niederknüppelung der Massen durch die Russen als Sieg ausgelegt werden, aber wir haben doch gesiegt u. die Herren in Berlin haben endlich einmal durch den Mund der gesamten Bevölkerung gehört, was unsere Forderungen sind.*
Von Leipzig kann man sagen, daß fast das ganze Leipzig mitgemacht hat. Überall sah man keine Transparente mehr, diese hat man auf dem Markt u. Augustusplatz verbrannt. Dafür las man überall Niederschriften von „Gebt uns freie Wahlen" usw. auch alle Straßenbahnen waren mit solchen Zeilen beschrieben. Nach H. [des Sohnes] *Bericht muß sehr viel in Leipzig los gewesen sein. Leider hat es dabei eine große Anzahl Tote gegeben. Auch in Groitzsch wurde am Mittwoch Nachmittag in sämtlichen Betrieben gestreikt, zum Umzug kam es nicht, da in*

15 Anm.: Literaturhinweis – Näheres zum Begriff „Zone", S. 451-458 in: Augstein, Franziska: Die Zone, in: Erinnerungsorte der DDR, Hrsg. v. Martin Sabrow, München 2009

dieser Zeit bereits der Ausnahmezustand verhängt war, dieser ist wohl für die gesamte Zone verhängt worden. Ausgehverbot von abends 9 bis früh 5 Uhr, jetzt von 10 bis 3 Uhr früh. Am Donnerstag früh 9 Uhr hatten die Betriebsfunktionäre in der Hartpappe eine weitere Besprechung über weitere Maßnahmen, dieses hat aber jemand verraten u. ½ 10 Uhr kamen die Russen mit ziemlich starker Macht u. umstellten die Hartpappe, nur durch die Geschicklichkeit des Betriebsführers der Hartpappe fanden keine Verhaftungen statt, diese kamen aber dann die folgenden Tage. Wie viele von Groitzsch im Laufe der Tage verhaftet wurden, weiß ich nicht, es ist aber eine ganz schöne Zahl. U. a. ist einer von der Gewerkschaft fortgeschafft worden. Was wird nun weiter werden? Es ist schon schwer, da der Russe mit seiner Macht die Herren in Berlin beschützt.“[16]

Über die gleichen Ereignisse an diesem Tag berichtete auch mein Vater, der sich in Dresden aufhielt. An dieser Stelle sollte ein kleiner Einblick in die damaligen Verhältnisse gegeben werden.

„Was zunächst blieb, waren die mit dem „Neuen Kurs“ verbundenen Zugeständnisse, darunter auch grünes Licht für Privatreisen nach Westdeutschland. Meine Eltern machten das erste Mal im September 1954 davon Gebrauch. Aus Anlaß der Herbstmesse gab es eine Busverbindung zwischen Leipzig und Hannover, eine günstige Gelegenheit zu einem ersten Besuch der Familie meines Bruders.“[17]

***

16 Brief v. 22.6.1953 v. P. Hüfner in Groitzsch an H. Hüfner in Dresden

17 Hüfner, Hans: Kuriose Grenzgeschichten – Mai 1945 bis November 1989, S. 35, (Hrsg. v. C. Stosik)

Besuch im Westen 1954

Von diesem Besuch schrieb der Vater, mein Großvater, eine Ansichtskarte aus Hannover. Das Motiv der Postkarte zeigt einen Teil der Innenstadt mit dem Kröpcke, einem Verkehrsknotenpunkt. Damals fuhr noch die Straßenbahn durch das Zentrum. Das Erstaunliche war, dass bereits Anfang der 1950er Jahre die Stadt Hannover nach den Kriegszerstörungen des Zweiten Weltkrieges bereits weitgehend wieder aufgebaut war.

Hannover – Kröpcke Anfang der 1950er Jahre

Meine Heimatstadt Dresden war zu diesem Zeitpunkt nicht ansatzweise wieder hergestellt. Lediglich im Zentrum begann man am Altmarkt und den anliegenden Straßen nach Räumung der Ruinen neue Häuserzeilen zu bauen.

Die Modalitäten zum Reisen hatten sich erheblich verbessert.

„Für DDR-Bürger änderte sich nach dem 17. Juni 1953 die Situation insofern, dass es keinerlei Einschränkungen für Westreisen mehr gab. Reisegenehmigungen wurden großzügig erteilt. Die Reisedokumente wurden nun nicht mehr als „Interzonenpass“, sondern als „Personalbescheinigung“ bezeichnet. 1955 bin ich das erste Mal auf Westreise gegangen. Es war nicht erforderlich vorher einen Antrag zu stellen. Man konnte im VPKA[18] auf der Schießgasse vorsprechen, sein Anliegen vortragen und die Personalbescheinigung nach kurzer Wartezeit gleich mitnehmen. Auch meine Eltern nutzten die neuen Reisemöglichkeiten. Wer „drüben“ keine Angehörigen, Bekannten, Freunde oder sonstige Geldquellen hatte, musste zu Hause bleiben, weil es nicht möglich war, unsere Ostmark gegen Westmark zu tauschen. Das heißt, inoffiziell ging das schon. Jenseits der Grenze und in Westberlin gab es genügend Wechselstuben. Aber bei einem Wechselkurs, der oft noch unter dem Verhältnis 1:5 lag, war das für DDR-Bürger ein eindeutiges Verlustgeschäft. Außerdem waren die Grenzwächter der DDR darauf abgerichtet, illegale Ostmarkbeträge, die DDR-Bürger bei der Ausreise mit sich führten, aufzuspüren und zu beschlagnahmen. Meine Mutter hat einmal eine derartige Intensivdurchsuchung, sprich Leibesvisitation, über sich ergehen lassen müssen.“[19]

Der Vater von H. Hüfner schrieb am 8. September 1954:

„Lieber Hans!
Am Sonnabend nach 91/2 stündiger Busfahrt sind wir in Hannover gelandet. Die Aufnahme bei W. und C. ist sehr gut. Man kann sich in Hannover wohlfühlen, es ist ja auch eine sehr

18 Anm.: VPKA = Volkspolizeikreisamt

19 Hüfner, Hans: Urlaub und Reisen in der DDR vor dem Bau der Mauer, in: Das kreativste Reiseland – Auf Reisen gehen...während der DDR-Zeit, (Hrsg. v. C. Stosik), S. 11 f. und Hüfner, Hans: Alltag in der DDR, Westreisen, Ausreisen und Ausreißer, S. 148

schöne Stadt mit vielen Sehenswürdigkeiten. Du kämst aus dem Staunen nicht heraus, wenn Du sehen würdest, was hier alles gebaut wird. Umstehendes Bild [Hannover-Kröpcke] *gibt einen kleinen Ausschnitt davon."*

So interessant die Reise sich gestaltete, so unangenehm war die Kontrolle der Zollbehörden auf der Hinfahrt am Grenzkontrollpunkt Marienborn auf der Interzonenautobahn.

Dazu hat der Autor Hans Hüfner nach den Erzählungen seiner Mutter folgendes aufgeschrieben:

„An der Grenze wurden die Reisenden aufgefordert, den Bus zu verlassen und sich zur Paß-, Zoll- und Devisenkontrolle in ein Abfertigungsgebäude zu begeben.
Die gesamte Reisekasse hatte mein Vater bei sich, meine Mutter demzufolge nur ein leeres Portemonnaie. Während mein Vater die Kontrollen unbeanstandet durchlief, erweckte das leere Portemonnaie meiner Mutter den Verdacht der Kontrollorgane. Eine Genossin belehrte sie, daß die Ausfuhr von DM der DDR verboten und strafbar sei und forderte sie auf, das versteckte Geld herauszugeben.
Der Versuch meiner Mutter, der Genossin plausibel zu machen, daß nach gutem deutschen Brauch allein das Familienoberhaupt über die Finanzen verfüge, folglich auch die Kasse bei sich trage, fiel nicht auf fruchtbaren Boden. Weil außerdem derartige, mit polizeilichen Befugnissen ausgestattete, weibliche Amtspersonen erfahrungsgemäß notorische Besserwisser sind und sich Fragen eigentlich ersparen könnten, begann die Genossin schließlich, das nicht vorhandene Geld zu suchen."[20]

***

20 Hüfner, Hans: Kuriose Grenzgeschichten – Mai 1945 bis November 1989, S. 36 f., (Hrsg. v. C. Stosik)

Wenige Jahre später hat sich in puncto Aufenthaltsgenehmigungen für Westbürger kaum etwas zum Positiven geändert. Die Grenze ist noch durchlässig, aber es lässt sich nicht leugnen, dass zwei sich sehr unterschiedlich entwickelnde deutsche Staaten existieren, die ihre eigenen Gesetze und Regelungen durchsetzen. Beziehungen spielten auch bei dieser Angelegenheit eine Rolle, wie es im Brief vom Dezember 1957 zu lesen ist. Mein Großvater schrieb in der Vorweihnachtszeit nach Dresden an meinen Vater folgendes:

„Du wirst wohl auch gespannt sein, was bei uns Weihnachten los sein wird. Bis jetzt können wir noch gar nicht sagen, wer alles kommt. Bei Gunter denke ich, daß er eine Aufenthaltsgenehmigung bekommen wird. Gleichzeitig mit Gunters Antrag wollten wir auch für H. einen Antrag einreichen. Dieser ist schon in Groitzsch nicht angenommen worden, da H. nach 1949 fort ist. Nun hat eine frühere Schulliebste von Gunter mal die Sache von H. in die Hand genommen, sie ist bei der Gemeinde angestellt, heute ist diese persönlich in Borna u. will mal sehen ob sie was erreichen kann.....“[21]

Weitere Briefe über den Ausgang der Sache sind nicht vorhanden, vermutlich lehnten die Behörden den Antrag auf Einreise in die DDR ab. Diese Vermutung wird bestärkt, denn knapp ein Jahr später schrieb der Großvater wiederum einen Brief mit den Planungen für das kommende Weihnachtsfest.

„Sonst ist noch zu berichten, daß Gunter zu Weihnachten höchstwahrscheinlich kommt....Bei H. ist es aussichtslos nach Hause zu kommen, voraussichtlich weiß er noch nicht, ob er zu W. fährt....“

---

21 Brief v. 3.12.1957 v. P. Hüfner an H. Hüfner in Dresden

Über viele Jahre wurde es einigen Menschen verboten, wieder zu Besuch in ihre ehemalige Heimat zu reisen. Das passierte nicht nur in den 1950er Jahren, sondern bis zur sogenannten „Wende". Wer in der Deutschen Demokratischen Republik nicht erwünscht war, erhielt eine „Reisesperre"! Es gab keine Erklärungen, keine Befristung oder sonstige Mitteilungen zu dieser Angelegenheit. Die Menschen im Ostteil Deutschlands durften lediglich immer wieder einen neuen Antrag für eine Aufenthaltsgenehmigung in die DDR für ihre nahen Verwandten aus dem Westen stellen – selbstverständlich mit wochenlanger Wartezeit und ohne Garantie auf Erfolg!

Politiker handelten nicht zum Wohle des Menschen – im Gegenteil sie schufen eine jahrzehntelange Situation, bei der sich die Menschen in Ost und West auseinander lebten und sich fremd wurden. Noch heute im Jahr 2023 sind die Folgen der Politik des „Kalten Krieges" zu spüren.

***

Aufenthaltsgenehmigung für Bundesbürger

In der Anfangszeit nach dem Mauerbau im August 1961 genehmigte man Besuchern aus Westdeutschland keine Einreise in die DDR. Auch nach Weihnachten 1961 lehnte man für sie die Einreise ab. Das hatte die Familie der Autorin zu spüren bekommen, denn in persönlichen Mitteilungen hieß es:

> „Nach Weihnachten [1961] waren wir mit Claudia das erste Mal ein paar Tage in Groitzsch. Eigentlich hätte sich Schwägerin C. aus Hannover angemeldet. Ihr und auch Bruder H. hatte man die Einreisegenehmigung versagt. Offenbar war das nach dem Bau der Berliner Mauer gängige Praxis."[22]

Der Bruder H. schrieb am 21. Dezember 1961 nach Dresden, nachdem er nun keine Einreisegenehmigung erhalten hatte:

„Von zu Hause steht auch schon ein Paket da, so wird es für mich am Heilig-Abend auch Beschäftigung geben. Dieses Jahr tun mir unsere Eltern leid, waren sie doch bisher immer von ihren Kindern umgeben; das ist für sie nun so neu, so ganz allein zu Weihnacht zu sein. Dazu die hoffnungslose Lage bei Euch da drüben. Ich freue mich, daß Ihr Hoffnung auf eine Besserung habt, wenn's nur etwas nützen würde."

Das geteilte Deutschland hat den Menschen nur Leid und Entbehrungen gebracht. Im Dezember 1961 ahnte niemand, wie lange die undurchlässige Grenze existieren würde, gut, dass man nicht in die Zukunft sehen konnte, sonst wären die Menschen völlig verzweifelt gewesen. Ganze 28 Jahre dauerte die

22 Hüfner, Hans: Zeitgeschichte aus der Froschperspektive Teil III, 26.-31. Kapitel S. 14

Trennung noch an. Irgendwann hatte man sich mit der Existenz der beiden deutschen Staaten abgefunden, aber es sollte doch anders kommen.

***

Auch im Jahr 1962 hofften die Menschen in der DDR, dass ihre Verwandten aus dem Westen eine Aufenthaltsgenehmigung für einen Besuch in der DDR erhielten. Das Thema stand in allen Briefen an erster Stelle, die von der Familie überliefert worden sind. Es sind hauptsächlich die Briefe zwischen Groitzsch und Dresden, wobei man offener schreiben konnte, weil innerhalb der DDR wahrscheinlich kaum Kontrollen seitens des Staates durchgeführt worden waren. Wenn der Vater der Autorin in seinem Heimatort geblieben wäre, hätte man nie erfahren, welche enormen Schwierigkeiten sich hinsichtlich des Westbesuchs ergaben, denn dann wäre ja alles mündlich besprochen worden. Und heute wüsste keiner mehr so genau, was sich damals nach dem Mauerbau abspielte.

Aber in dieser Publikation wird nicht nur die eigene Familienverbindung thematisiert, denn ich wertete eine große Menge von Postkarten und Briefen innerdeutscher Korrespondenz aus, die die gleiche Problematik aufwiesen. Es gibt viele Ähnlichkeiten und doch war jede Kommunikation zwischen Ost und West individuell. Es schrieben sich auch Freunde, Nachbarn, Kollegen, ehemalige Schulfreunde, Stammkunden, Stammkneipenbesucher, Sportsfreunde und Urlaubsbekanntschaften.

Insofern ist es für mich interessant, was die Menschen damals bewegte, wenn wieder eine Ablehnung der Einreise erfolgte und wie aussichtslos die Lage für lange Zeit war. Und was

noch schlimmer stimmte, mit welch fadenscheinigen Begründungen, falls überhaupt Begründungen abgegeben wurden, die Aufenthaltsgenehmigungen abgelehnt worden sind. Die Willkür der Behörden erschien den Menschen als pure Schikane. Und man konnte nichts weiter tun, als immer wieder neue Anträge zu stellen. Und immer wieder wurden die Menschen enttäuscht.
Auf einer Postkarte vom 8. März 1962 schilderte die Großmutter die Gegebenheiten:

„Ich hatte Euch in meinem letzten Brief geschrieben, daß Euch gleich W. das Datum angeben sollte, wenn er nach hier kommt. Dies ist nicht mehr nötig, denn man hat unseren Antrag abgelehnt mit der Begründung: da einer aus der Familie illegal verzogen ist, dürfen wir keinen Westbesuch empfangen. Ich möchte jetzt nicht alles Nähere schreiben, habe mich mächtig aufgeregt. Ob nun Gunter kommen darf, glaube ich bald gar nicht, denn bei ihm liegt ja der gleiche Fall vor. Ich war nochmal in Borna, habe aber auch nichts erreicht. W. tut mir leid, er hat sich so auf zuhause gefreut. Unser Familientreffen, auf das wir uns alle gefreut haben, scheint, dank unserer Behörden, ins Wasser zu fallen. Das ist sehr traurig. Euch beste Grüße Eure Mutter"[23]

Darauf hin antwortete ihr Sohn, mein Vater, einige Wochen später:
„Wir können es Euch nachfühlen, daß Ihr sehr enttäuscht seid. Ich hatte ja ursprünglich angenommen, daß auch die für Gun-

23 Postkarte v. 8.3.1962 v. J. Hüfner in Groitzsch an H. Hüfner in Dresden; Ende der 1940er Jahre und Anfang der 1950er Jahre sind drei Brüder von Hans Hüfner (Vater der Autorin) nach dem Westen übergesiedelt. Es gab in den vielen Jahrzehnten immer wieder Schwierigkeiten seitens der DDR-Behörden.

ter beantragte Aufenthaltsgenehmigung abgelehnt worden sei. Erst aus Eurem letzten Brief erfuhr ich, daß der Antrag noch nicht einmal bearbeitet worden ist. Das ist doch Schikane. Habt Ihr denn Hoffnung, daß Gunter mit seiner Frau für den August die Aufenthaltsgenehmigung bekommt? Nach der Ablehnung für W. kann man doch kaum damit rechnen.“[24]

Einige Verwandte kannten sich auf Grund der unnatürlichen Grenze zwischen den beiden deutschen Staaten überhaupt nicht. Manchmal lernten sie sich erst nach Jahren kennen. Auch an der Hochzeit des Bruders G. im Jahr 1962 in Bayern durften weder die Eltern noch weitere Verwandte teilnehmen. Das alles haben wir der Politik des „Kalten Krieges“ zu verdanken!

Aber, oh welch ein Wunder, die Verwandten aus Bayern [Bruder G. mit Frau] durften doch noch im August 1962 in die DDR einreisen. Ein Familienbild aus Groitzsch (siehe links) zeugt davon.

So groß wie die Freude über die Einreisegenehmigung des Westbesuchs war, so schwierig schien die damalige Versorgungslage zu sein. Doch in einem Brief an den Sohn Hans in Dresden, dessen Familie ebenfalls zu Besuch kommen will, wird festgestellt:

„...Mit der Versorgung macht Euch keine Sorgen, wenn Ihr zu uns kommt, wir werden Euch schon mit Durchfüttern, Kartof-

24 Brief v. 17.7.1962 v. H. Hüfner in Dresden an die Eltern in Groitzsch

feln, Brot und Margarine ist ja bis jetzt noch vorhanden u. Ihr werdet ja durch die jetzigen Verhältnisse auch nicht verwöhnt sein. In den Tagen die Ihr bei uns seid kriegen wir von Lehmanns einen Gockelhahn der uns für mindestens 2 Tage aller Sorgen enthebt, wir kriegen auch jede Woche von Lehmanns unsere Eier. In den Geschäften gab es die letzten Wochen pro Woche u. Kopf ein Ei."[25]

Wer, wie meine Großeltern, Bauernfamilien auf dem Land kannte, konnte sich mitunter selbst helfen. Schon seit Jahrzehnten bestand die Freundschaft zur genannten Familie. Statt die Abfälle auf den Kompost zu befördern, brachten die Großeltern Kartoffelschalen und andere Küchenabfälle nach Wischstaudten, ein Dorf in der Nähe von Groitzsch. Dadurch war die Ernährung zumindest in einigen Punkten gesichert.

Nach welchen Gesichtspunkten die Entscheidung für eine Aufenthaltsgenehmigung erteilt wurde, darüber konnte nur spekuliert werden. Der Vater der Autorin vermutete auch folgenden Grund:

„In Dresden sieht es versorgungsmäßig ziemlich traurig aus. Dagmar steht jeden Tag mehrere Male in der Schlange, um überhaupt etwas zu bekommen. Wenn sich das nur einmal ändern würde! Das man unter diesen Umständen nicht gern Besucher aus Westdeutschland hier bei uns sehen möchte, ist nicht verwunderlich."[26]

***

25 Brief v. 17.8.1962 v. P. Hüfner an H. Hüfner in Dresden
26 Brief v. 17.7.1962 v. H. Hüfner in Dresden an die Eltern in Groitzsch

Ein Bruder meines Vaters hatte Glück und durfte bereits ein Jahr nach dem Berliner Mauerbau wieder einreisen. Ein anderer Bruder musste sich noch bis Ende des Jahres 1963 gedulden.

Die Großeltern versuchten immer wieder, eine Aufenthaltsgenehmigung zu bekommen, aber meistens vergebens.

„Für C. ihren Besuch fragte ich mal auf dem Rathause[27], ob es Sinn hätte, eine Aufenthaltsgenehmigung für sie einzureichen. Man sagte mir, ich soll es versuchen, aber mindestens 7 Wochen zuvor einreichen. Das nennt man Fortschritt, wenn man eine so lange Zeit braucht, um diesen Wisch auszufüllen. Es ist vielleicht egal wie lange es dauert, wenn der Antrag nur genehmigt wird. Wer weiß, was da alles durchgehechelt wird, alle Register werden gezogen um herauszufinden, ob wir eines Westbesuches würdig sind. Bei Euch in Dresden scheinen die Behörden nicht ganz so stur zu sein, ein Zeichen, daß C. fremde Leute besuchen dürfte. Für heute genug.“[28]

***

27 Anm.: Es steht Rathause in Originalschreibweise; das ist typisch für die sächsischen Sprachgewohnheiten, die mitunter auch schriftlich so verwendet wurden. Beispielsweise: viere statt vier, im Hofe statt im Hof u.a.

28 Brief v. 18.5.1963 v. J. Hüfner in Groitzsch an H. Hüfner in Dresden

Einreisegenehmigung für DDR-Bürger

Ab dem Berliner Mauerbau im August 1961 war die innerdeutsche Grenze für einige Jahre undurchlässig, sowohl für die Westdeutschen wie im vorherigen Kapitel beschrieben als auch für die Rentner in der DDR. Dazu schrieb ein Neffe im November 1961 aus der Nähe von Leipzig seinen Verwandten in Hanau in Hessen folgende Zeilen.

„Liebe Tante, lieber Onkel!
Am 19.11. erhielten wir Euer schönes Päckchen es war alles gut angekommen. Haben uns sehr gefreut, da es ganz unverhofft hier ankam. Brief und Karten haben wir auch erhalten. Oma kann voraussichtlich nicht kommen, da es in der jetzigen Lage für niemanden einen Paß gibt. Wie geht es Dir liebe Tante? Viele Grüße Oma und Willi"

Bisher wusste ich nicht, dass generell keine Pässe ausgegeben wurden. Wahrscheinlich gab es seitens der Behörden auch keine Begründungen für diese Entscheidung. Das mussten die Leute eben akzeptieren.

***

Nun weiter in das Jahr 1963:

Ein Brief vom Mai 1963 zeigt, dass es für die Rentner aus der DDR immer noch schwierig war, Besuchsreisen in den Westen zu unternehmen.

„Von Hannover u. auch aus München bekamen wir letztens eine Einladung zum Besuch nach dort. Die drüben denken, daß

den Rentnern eine Besuchsreise jederzeit genehmigt wird, das gilt aber nur für diejenigen, die ganz drüben bleiben wollen, damit unsere DDR diese Renten einsparen kann. Ein Besuch für uns liegt wohl noch in sehr weiter Ferne."[29]

Zu diesem Zeitpunkt schien die Hoffnung auf Normalität zwischen den beiden deutschen Staaten zu schwinden.

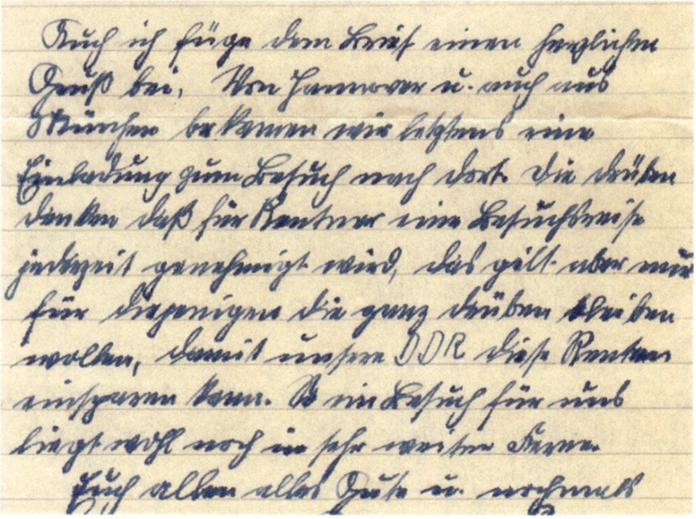
Auch ich füge dem Brief einen herzlichen Gruß bei. Von Hannover u. auch aus [illegible] bekommen wir laufend eine Einladung zum Besuch nach dort. Die drüben denken daß für Rentner eine Besuchsreise jederzeit genehmigt wird, das gilt aber nur für diejenigen die ganz drüben bleiben wollen, damit unsere DDR diese Renten einsparen kann. Ein Besuch für uns liegt wohl noch in sehr weiter Ferne.
Euch allen alles Gute u. [illegible]

***

Eine Familie aus der DDR schrieb im Dezember 1964 an ihre Verwandten einen Brief und berichtete vor allem über die Situation betreffs Obstangebot und über ihre weiteren Wünsche bei der Verwandtschaft. Als letzten Satz bemerkten sie aber folgendes:

29 Brief v. 18.5.1963 v. P. Hüfner an H. Hüfner in Dresden

„...Aufenthaltsgenehmigungen gibt es jetzt leichter!!! Viele herzliche Grüße Euer Jürgen, Heidi samt Kindlein“

***

Ganz langsam entschärfte sich die prekäre politische Lage, denn im Jahr 1964 erteilte man auch Einreisegenehmigungen für DDR-Rentner. Auch Westberliner durften ihre Verwandten in Ostberlin wieder besuchen. Die Freude war groß!

Im September 1964 teilte der Bruder meines Vaters seinen Eltern sofort die Neuigkeit über die Reisebestimmungen nach Westdeutschland mit.

„Große Freude heute früh bei uns, was in der Zeitung zu lesen stand, daß demnächst die Rentner aus der DDR Verwandte im Westen besuchen dürfen. Da werden wir Euch evt. auch Weihnachten in Hannover begrüßen können, vorausgesetzt, daß unser Haus fertig wird. Wir waren heute auf der Hausfrauen-Ausstellung. Vor 10 Jahren ward Ihr mit.“

Aus dem letzten Satz geht hervor, dass die Eltern im September 1954 zu Besuch in Hannover waren.[30] Nach dem Mauerbau im August 1961 durften sie nicht mehr zu ihren Kindern fahren.

30 Anm.: Vermutlich war das der erste und einzige Besuch in den 1950er Jahren.

Das heißt: Eltern und Kinder bzw. Enkelkinder konnten sich erneut über viele Jahre nicht sehen. Erst Ende 1964 bestand die Hoffnung auf ein Wiedersehen.

Natürlich betrafen diese Gegebenheiten auch andere mir unbekannte Familien. Im April 1965 fanden die ersten Vorbereitungen für den ersehnten ersten Westbesuch einer Mutter statt. Lange genug musste man sich in Geduld üben. Eine Karte aus Kiel sandte der Sohn nach Sachsen:

„Liebe Eltern!
Euren lieben Brief haben wir mit großer Freude erhalten u. danken auch. Wir können ja erst wirklich glauben, daß Du liebe Mutter kommst, wenn Du hier bist. Mitte Mai bis über Pfingsten Mitte Juni. Im Augenblick habe ich wenig Zeit. Bin am Auf- und Umräumen!“

Der Vater hatte vielleicht noch nicht das Rentenalter erreicht, weil er nicht mitreiste – zumindest wird er nicht erwähnt. Die Gründe kennt man nicht. Die Freude ist jedenfalls groß, zumindest ein Elternteil wiederzusehen.

***

Berufstätige und Hausfrauen durften mit Eintritt in das Rentenalter nach Westdeutschland fahren – zumindest ab dem Jahr 1964. Doch für einige Menschen hieß es warten, warten und nochmals warten, bis sie ihre Lieben besuchen konnten. Davon erzählt die folgende Karte aus der Nähe von Münster.
Es ist Mai 1968:

„Liebe Anni!
Heute am Sonntag kam Dein Eilbrief an u. gestern Dein lieber Brief. Große Freude! Für alles inzwischen herzlichen Dank. Brief folgt nach Pfingsten. Im umstehenden Landhaus trinken wir ab und an mal Kaffee oder essen zu Abend, es liegt sehr schön vor den Toren Münsters. Möchtest Du nicht mal mitkommen? Wie lange müssen wir noch warten?"

***

Im Jahr 1982 äußerte sich eine Frau bezüglich Rente. Sie schrieb eine Briefkarte an ihre Verwandte im Westen, wobei der Wohnort unbekannt bleibt.

„....Liebe Luise, Du hast schon recht, schöner wärs wenn ich Rentnerin wäre. Aber leider muß ich noch 31/2 Jahre mitmachen. Ich werde es bestimmt noch schaffen. Ein Jahr ist ja so schnell vergangen"

Bei dieser Gelegenheit werden gleich noch weitere Themen angesprochen bzw. Wünsche geäußert.

„...Nun liebe Luise komme ich noch einmal zu Deiner Karte zurück. Wie Du schreibst von Rolf die Schlafanzüge bitte schicke alle mit, wir sind Dir dankbar. Erstens bei uns gibt es ganz schlecht welche u. wenn's welche gibt, kostet einer 80,-M. Fred freut sich schon darauf."

***

Als Abschluss zum Thema „Einreisegenehmigung für DDR-Bürger" werden zwei Beispiele genannt, indem Angehörige in den 1980er Jahren Urlaubskarten an Verwandte in Sachsen schrieben und ihre Hoffnungen auf Reisefreiheit zum Ausdruck brachten.

„Wir sind in einem Bungalow bei Thale. Es ist hier sehr romantisch. Vielen Dank für Deine Grüße vom Rhein. Habe mich sehr darüber gefreut. Hoffentlich ist es uns auch noch einmal vergönnt dorthin zu reisen. Hoffen wir das Beste!“

***

Als zweites Beispiel: Verwandte verlebten Mitte der 1980er Jahre ihren Urlaub in Kärnten und grüßten ihre Leute in Sachsen.

„Wir hoffen, daß Ihr bald zu uns dürft und wir gemeinsam wandern gehen können. In Gedanken sind wir immer bei Euch.“

Man gab die Hoffnung nicht auf, auch einmal in den anderen Teil Deutschlands reisen zu können. Hätte der Staat DDR nur etwas mehr Vertrauen in seine Bürger gehabt. Viele Menschen hatten gar nicht die Absicht, in der BRD für immer zu bleiben. Aber die Aussichtslosigkeit jemals uneingeschränkt reisen zu dürfen, bewirkte, dass immer mehr Menschen die Ausreise aus der DDR beantragten. Aber das ist ein eigenes Thema, welches an dieser Stelle nicht erörtert werden kann.

***

Besuche von DDR-Bürgern in der BRD

Rentner auf Besuch in der BRD

Wie schon erwähnt, durften Rentner ab Ende 1964 wieder in die Bundesrepublik einreisen. Viele nutzten die Reisemöglichkeit, um endlich ihre nahen und fernen Verwandten zu besuchen.
Im September 1965 fuhren die Großeltern der Autorin das erste Mal nach dem Mauerbau nach Bayern zu ihren Kindern. Einige Ausschnitte aus dem langen Erlebnisbericht über diese Reise sollen die Eindrücke wiedergeben.

„Von unserer großen Reise sind wir nun auch wieder glücklich in Groitzsch eingetroffen, aber z. Teil sind wir mehr unzufrieden als zufrieden, wenn man das berücksichtigt, was den Menschen drüben alles geboten wird, da kommt man einfach nicht mehr mit, man fragt sich da immer wieder, warum es bei uns nicht so ist. Die Verdienstmöglichkeiten sind viel höher als bei uns.... Von Nürnberg aus haben wir eine schöne Tour in die fränkische Schweiz gemacht. Montags früh sind wir dann nach München gefahren. Am nächsten Tag waren wir auf dem Sozialamt, da kriegten wir insgesamt 100 Mark....In Mittenwald haben wir noch einen guten Bekannten, einen Groitzscher Landsmann, aufgesucht, der hatte sich darüber so riesig gefreut, daß er uns beim Abschied 50 Mark in die Hand drückte. Also in jeder Beziehung können wir mit allem zufrieden sein, bloß wurmt es einen immer wieder die billigen Preise bei bester Qualität u. großer Auswahl....Nun geht wieder alles seinen alten Gang, es war die ersten Tage schwer, sich an den Alltag bei uns zu gewöhnen.....“

***

Ende des Jahres 1967 durften die Großeltern wieder zu ihren Kindern fahren, dieses Mal nach Hannover, und berichteten in einem Brief vom 5. Februar 1968 über ihre Reise.

„Es wäre schön gewesen, wenn wir im Interzonenzug hätten bis Dresden sitzenbleiben können, aber da ist jetzt die Jahreszeit dazu nicht. An der Zonengrenze hat man unsere Koffer schön durchwühlt, der Zug war nur ganz schwach besetzt, so weit ich feststellte, sind sämtliche Reisende durchsucht worden, es waren meistens Westdeutsche, die im Zug saßen, daß diese nicht gerade begeistert waren von diesem Empfang in der DDR kann man verstehen."

***

Im Herbst 1969 planten die Großeltern der Autorin einen Besuch in Westdeutschland. Im Vorfeld bereitete man den Besuch vor, in dem auch neue Kleidung gekauft wurde.

„Wir waren in Leipzig einkaufen. Habe mir einen Übergangsmantel gekauft. Er ist schwarzweiß genoppt, paßt sehr gut. Der Papa hat sich einen Sakko und eine Hose gekauft und jeder noch 1 Paar Schuhe. Da sehen wir nicht wie arme Rentner aus der Ostzone aus, wenn wir nach dem Westen reisen."[31]

Eigentlich ist diese Denkweise traurig, denn an Äußerlichkeiten sollte man sich nicht orientieren. Aber selbst die in Bescheidenheit lebenden Großeltern meinten, sie müssten sich dem Westniveau in puncto Kleidung anpassen – frei nach dem Motto „Kleider machen Leute". Auch nach 1990 konnte man, übertrieben gesagt, auf 100 Meter Entfernung erkennen, ob je-

31 Brief v. 20.9.1969 v. J. Hüfner in Groitzsch an H. Hüfner in Dresden

mand aus dem Westen oder Osten kam. Meiner Meinung lag die äußerliche Erscheinung nicht am Warenangebot, sondern an der persönlichen Einstellung hinsichtlich modischer Kleidung, Kosmetik und Haarfrisur. Wenn auch im Westen die Auswahl selbstverständlich größer war, bestand kein Grund, im Osten wie eine „graue Maus“ auszusehen.

***

Im Juni 1966 kündigte ein Onkel (einer fremden Familie) mit Anhang die Wiederkehr der Oma an, die auf Westbesuch in Oberbayern war.

„Liebe Familie!
Am Dienstag 21.6. gegen 20.30 Uhr könnt Ihr Oma wieder begrüßen, sie hat wieder frische Kraft u. viel Alpenluft „getankt“. Sprecht Euch mit Rainer ab wer sie in Leipzig abholt.
Ihr Koffer ist wieder voll, für jeden gibts etwas!
Herzlichst Onkel Bruno – Alles andere mündlich durch Oma“

***

Im Sommer 1975 erwartete eine Seniorin im Westen demnächst Besuch von ihrer Verwandten aus Thüringen. Sie schrieb ihr eine Ansichtskarte aus Baden-Württemberg, um die Besuchsmodalitäten zu klären.

„Liebe Hanne!
In Eile sende ich Dir dies Kärtchen, will zum Kegeln. Vielen Dank für Deinen Anruf. Hoffentlich warst Du mit meinem Vorschlag einverstanden und kommen die Handwerker bis zu diesem Zeitpunkt außer Haus, trotz Glück wenn sie ins Haus kom-

men. Ich freue mich jedenfalls auf unser Wiedersehen. Bin bereit!!! Erzählen können wir nachher. Bring auch gutes Wetter mit, sonst nichts. Von Monika habe ich bis jetzt nichts gehört....“

Die Absenderin unterstreicht „sonst nichts“, d. h. die Freundin oder Verwandte soll bloß keine Geschenke mitbringen. Welche Art von Beziehung zwischen den Personen bestand, ist natürlich nicht zu erkennen, aber man liest aus den Zeilen heraus, dass keine Mitbringsel erwünscht sind. Wahrscheinlich war der Kartenschreiberin bekannt, wie schwierig sich die Jagd nach Geschenken gestaltet. Vielleicht stammte sie selbst von „hüben“, so dass sie die Lage noch einschätzen konnte.

***

Bevor eine alte Mutter die Reise zur ihrer Tochter nach Düsseldorf antrat, gab jene ihr reichlich Anweisungen, was sie zu tun und zu lassen hätte. Anfang der 1980er Jahre schrieb die Frau folgende Karte nach Sachsen:

„Liebe Mutti! Danke für Brief v. 11.11. Morgen geht noch 1 Paket an Dich ab, ansonsten erwarten wir Dich ja am 9.12. (freitags). Blasentee ist da. Zieh Dich nur warm an u. bring nicht so viel mit. 1x fürs Haus u. 1x was Du unterwegs an hast. Schuhe brauchst Du nur die Stiefel anzuziehen, sonst keine. Denk an alte Batterie für Fernbedienung mitzubringen. Bring auch den leeren Karton wieder mit, der im Paket steckt für 1 neues Fläschl. Ansonsten wünschen wir Dir eine schöne und geruhsame Adventszeit und gute Besserung für die Blase. Bis bald!“

Wenn das keine Bevormundung ist ?!

Als Abschluss der Rentnerinvasion gen Westen schrieb ein Ehepaar an seine Bekannten in der Lausitz eine Ansichtskarte aus einer kleinen Stadt im Bundesland Baden-Württemberg. Es ist November 1977 – eine weniger günstige Reisezeit. Aber auch im November schien aller Wahrscheinlichkeit die Sonne….

„15.11.77
Ihr Lieben! Nun sind wir doch noch auf Reisen gegangen (am 4.11.), das Wetter hat uns verleitet... es war bis Sonntag (13.) wie Frühling, jetzt ist es kälter geworden. Sonst ist es herrlich hier, uns geht es gut. Es ist schade, daß Ihr von keinem eingeladen werdet. Hier gibt es alles, die Preise sind wie bei uns, nur fehlt uns das W[est] *Geld, um nach Herzenslust zu kaufen. Liebe Grüße allen Eure....“*

Um ins „Paradies BRD“ zu reisen, musste man schon Verwandte oder Freunde haben, die eine Aufenthaltsgenehmigung für die Leute aus der DDR beantragten. Sich einfach in den Zug setzen, um spontan Verwandte oder Bekannte mit einem Besuch zu überraschen – das gab es nicht! Und wer niemanden im Westen hatte, kam nie in den Genuss, die andere Seite der „Medaille“ Deutschlands kennenlernen.

***

Eindrücke vom Besuch im Westen

Meistens schwärmten die Rentner von den vielfältigen Eindrücken, die sie überrollten, wenn sie in die westliche Welt eintauchten. Von übervollen Kaufhäusern, bunter Werbung, netten Cafés und vieles mehr erzählen die Postkarten in die Heimat. Das folgende Beispiel aus dem Jahr 1971 steht für tausende Karten, welche in diesen Jahrzehnten verschickt worden sind. Als Kartenmotiv hatte die Frau das Hofbräuhaus, ein berühmtes Brauhaus in München, ausgewählt. ▼

„Liebe Hedda! Die herzlichsten Grüße aus dem schönen München. Sitzen heute in einem sehr schönen Kaffee. Torte besonders. Die Schaufenster u. Warenangebot ein Traum. Was man sich da so alles wünscht. Im Lotto hab ich am Samstag nur daneben die Zahlen. Morgen fahren wir nach der Zugspitze. Am vergangenen Sonntag waren wir am Ammersee und haben deutlich die Alpen gesehen."

Einmal im Leben die Alpen zu sehen, wenn auch nur aus der Ferne, das war der Traum von fast jedem DDR-Bürger. Es gab auch Ausnahmen, die darauf keinen Wert legten. Andere Gebirge taten es auch. Aber aus eigener Erfahrung kann ich nur bestätigen, welch schönes Gefühl es war, endlich die imposanten Alpen zu sehen und nicht nur zu sehen, sondern auch im Alpengebiet zu wandern.

***

Der Poststempel ist nicht lesbar, aber das Briefmarkenmotiv „Gustav Heinemann" gibt Auskunft, wann die Postkarte geschrieben wurde – also zwischen 1970 und 1973. Sehr eindrücklich gibt die Betreffende ihre Beobachtungen wieder.

„Liebe Gerda!
Herzliche Grüße aus Lünen. War mit Paul in Lünen Geld umtauschen u. einkaufen. Habe mir Hyazinthen St. 0,50 für Freiland mit genommen. Schade, daß du nicht mit dabei bist. Es ist eine andere Welt. Ich komme aus dem Staunen nicht heraus. Die hier leben können sich gar nicht ein Bild machen in welchen Zustand wir leben müssen. Sie haben auch Angst, daß der Iwan nach hier durch [?] *kommt."*

Ich denke auch, dass die Menschen in Westdeutschland, die die DDR nie selbst erlebt haben, eine irreale Vorstellung vom Leben im anderen Teil Deutschlands hatten. Das kommt jedenfalls im letzten Satz zum Ausdruck. Und leider ist dieses Thema heute aktueller denn je!

***

Im Jahr 1978 beschrieb eine Frau ihren Freunden in Thüringen mit übersteigerten Worten ihre Eindrücke aus Hannover.

„Es gibt viel zu sehen u. Kaufhäuser bombenvoll, aber auch horrende Preise!“

Bereits im Juli 1967 schrieb eine Frau aus München an ihre Bekannten in Radebeul bei Dresden:

„Man staunt überall die schönen Sachen. Es ist aber auch alles teuer.“

***

Andere Besucher bemerkten die rege Bautätigkeit in der Bundesrepublik in den 1970er Jahren. Auch empfand der Briefschreiber, im Gegensatz zu den vorher genannten Beispielen, die Preise billig. So verschieden sind die Wahrnehmungen.

„Es ist immer, wenn man von drüben zurückkommt, immer wieder derselbe Eindruck den man von hier bekommt wie verkommen und rückständig hier noch alles ist. Vor allem ist man drüben beeindruckt trotz der Inflation, wie Barzel und Strauß immer betonen, wie verhältnismäßig noch alles billig ist, man hat dieses Mal deutlich gemerkt, wie der Wohlstand im Verhältnis zum vergangenen Jahr gestiegen ist. Ich staune immer wieder bei W., wie die bei der großen Familie und den großen Anschaffungen auskommen können....Am meisten beeindruckt mich immer wieder von drüben die Bauerei, vor allem die herrlichen Einfamilienhäuser, die da immer wieder gebaut werden u. dann noch das Tempo wie schnell alles hoch ist. In Garbsen ist ein riesengroßer Komplex in Angriff genommen, da kommt ein großes Kaufhaus hin, ein Supermarkt u. alles noch mögliche, die Ladenstraße hat eine Länge von 900 Metern.“[32]

---

32 Brief v. 27.10.1972 v. P. Hüfner an H. Hüfner in Dresden

Ein knappes Jahr später sind die Großeltern wieder in Niedersachsen bei ihren Kindern und Enkeln zu Besuch und berichten in einem Brief nach Dresden:

„Die Eindrücke die man jedesmal von drüben hat, sind immer wieder dieselben, die Menschen leben dort in Wohlstand und Überfluß. Und überall wohin man kommt, ob es in Städten, Dörfern oder Anlagen ist, ist eine Sauberkeit die man kaum beschreiben kann. Uns fallen vor allem besonders die vielen Grünanlagen auf, die alle sauber und gepflegt sind, die wirken wie ein Teppich. Die Preise ob Lebensmittel oder Textilien oder was noch für sonstige Artikel, sind bedeutend billiger wie bei uns, außer Brot. Fleisch hat denselben Preis. Man muß aber bedenken, daß drüben das mindestens dreifache verdient wird.“[33]

***

Als letztes Beispiel des Kapitels „Eindrücke vom Besuch im Westen“ freut sich ein Ehepaar auch wieder auf zu Hause. In den 1970er Jahren schrieben sie eine bunte Karte aus Frankfurt am Main an den Bruder und die Schwägerin in Niesky.

„Nun haben wir schon eine Reihe von schönen Urlaubstagen hinter uns. Jeden Tag Sonnenschein bis jetzt. Gereist sind wir schon quer durch Deutschland an der Bergstraße u. am Rhein entlang. Wir werden überall sehr verwöhnt. Aber daheim geht es dann alles wieder im alten Trott. Wir freuen uns auch auf das Wiedersehen in der Heimat. Jeder hängt an seiner Klause!“

***

---

33 Brief v. 8.6.1973 v. P. Hüfner in Groitzsch an H. Hüfner in Dresden

Schlaraffenland

In einem Brief vom 8. Juli 1979 berichtete der Bruder meines Vaters über den Besuch der Eltern/Großeltern in der BRD:

„Gefreut hat es uns, von H. zu erfahren, daß es den Eltern in Hannover so gut gegangen ist. Inzwischen haben wir von den Eltern auch selbst einen Brief bekommen, danach zu urteilen muß es ja den Eltern nicht gerade leicht fallen, sich in die Verhältnisse der DDR wieder einzugewöhnen. Wir selbst empfinden das gar nicht so, daß wir, wie die Eltern sagen, in einem Schlaraffenland leben. Z. Zt. muß es ja aber auch wieder besonders schlecht in der DDR sein.“[34]

Schlaraffenland 1964?

Klar und deutlich wird in diesem Brief mitgeteilt, dass der Westbürger die Annehmlichkeiten des Konsums, auch Schlaraffenland genannt, gar nicht so empfindet wie die Besucher aus der DDR meinen. Wer nur besuchsweise in der BRD weilte, sah nur die schönen Seiten des Wohlstandes. Unweigerlich verglich man die Angebote und Auslagen mit den Bedingungen in der DDR. Wer noch nie im Westen war, wie ich zu dieser Zeit im Jahr 1979, hatte ebenfalls rosarote Vorstellungen vom „goldenen Westen“.

---

34 Brief v. 8.7.1979 v. G. Hüfner/Bayern an den Bruder H. Hüfner in Dresden

Die Unerreichbarkeit beflügelte die Fantasie, so dass der Vergleich mit dem Schlaraffenland, einem Traumland wo alle nur denkbaren Wünsche erfüllt werden, gar nicht so abwegig lag. Man hatte wirklich das Gefühl, die BRD ist das Land der Sehnsüchte und Träume. Auch wenn in den Nachrichten des Deutschlandfunks mitunter negative Schlagzeilen zu hören waren – man wollte das Negative nicht wahrhaben. Das passte nicht in das Bild der idealen Bundesrepublik Deutschland. Die Ernüchterung erfolgte erst ab Anfang der 1990er Jahre!

***

Nach jedem Westbesuch wurde die Eingewöhnung in die hiesigen DDR-Verhältnisse schwieriger. Nicht desto trotz kam eine Übersiedlung in die BRD für meine Großeltern zu keiner Zeit in Frage. Dieses Thema stand Ende der 1970er Jahre einmal zur Debatte, aber trotz aller Widrigkeiten, die in der DDR zu bewältigen waren, war die Kleinstadt Groitzsch doch ihre Heimat. Dort besaßen sie ihr Haus, ihren Garten und ihre Verwandten, Nachbarn und Bekannten wohnten in der Nähe. Zu sehr sind ältere Leute mit ihrem Geburtsort verwurzelt und das Einleben in einer ganz anderen Umgebung fällt schwerer als in jungen Jahren. Im fortgeschrittenem Alter noch einmal in der Fremde neu anzufangen, wäre für sie keine Option gewesen.

In einem Brief vom November 1980 wurde wieder festgestellt, welche immensen Unterschiede zwischen beiden deutschen Staaten bestehen.

„In München zu einem Einkaufsbummel waren wir nur einmal. Da muß man tatsächlich sagen, daß es für uns besser ist, wenn man nicht sieht, was es da für ein reiches Warenangebot gibt,

ich habe alles dieses mal für reichhaltiger gefunden als wie die vorhergehenden Jahre an denen wir drüben waren. Man hört auch drüben im allgemeinen, daß die Menschen keinen Grund zum klagen haben, daß es allen gut geht. Wenn wir doch dieses auch von uns sagen könnten.

München – Blick zur Frauenkirche
Aufnahme 2022

Da steht jetzt am Marienplatz ein ganz neues Kaufhaus mit einer riesigen Ausdehnung u. vollgestopft von Waren auf allen Gebieten. Wir haben dort einige preisgünstige Einkäufe ge-

macht, wir hatten im ganzen 130 Mark zur Verfügung. Mit G. waren wir in einem großen Supermarkt, da war alles noch preisgünstig. Und in einer großen Möbelhalle hätte sich Claudia[35] *gewundert, daß es überhaupt so viel Möbel gibt."*

***

Besuche von Nichtrentnern in der BRD

Mit dem Abschluss des Grundlagenvertrages zwischen der Bundesrepublik Deutschland und der Deutschen Demokratischen Republik im Jahre 1972 wurde auch DDR-Bürgern unterhalb des Rentenalters die Möglichkeit eröffnet, in der Bundesrepublik lebende Verwandte ersten Grades zu besuchen.

„Reisen in dringenden Familienangelegenheiten"

nannte sich das, die aus offiziell deklarierten, konkreten Anlässen genehmigt werden konnten. Über Genehmigung oder Ablehnung derartiger Anträge entschied die bearbeitende Behörde, in der Regel das zuständige Volkspolizei-Kreisamt, Abteilung Pass- und Meldewesen. Ein Rechtsanspruch bestand nicht, es waren „Kannbestimmungen". Ablehnungen wurden nicht begründet.
Der Vater der Autorin berichtet hierzu:

35 Anm.: Claudia ist die Autorin: Ich war gerade im Begriff eine sanierungsbedürftige Ausbauwohnung zu beziehen. Dafür erteilte man lediglich eine Nutzungsgenehmigung. Neue Möbel konnte ich mir nicht leisten, außerdem sah das Angebot in den Geschäften sehr mager aus. Auf den Dachböden von Verwandten fand ich nicht mehr benötigte Stühle, einen Tisch und ein Regal. Ein Bett, einen Wäscheschrank und Hausrat bekam ich von Freunden geschenkt, die gerade die Ausreise in die BRD genehmigt bekamen und ihren Hausstand auflösten.

„Meine erste Westreise nach dem Mauerbau führte mich über den Jahreswechsel 1975/76 nach Hannover anlässlich der Silbernen Hochzeit meines Bruders. Meine Ehefrau musste zu Hause bleiben. Obwohl wir zu diesem Zeitpunkt bereits fünfzehn Jahre verheiratet waren, wurde ihr vom Amts wegen kein Verwandtschaftsgrad zugebilligt, der als Grundlage für eine Reisegenehmigung anerkannt wurde. Die Anzahl der Reisegenehmigungen, die auf dieser Grundlage erteilt wurden, war verhältnismäßig niedrig, und die Züge passierten infolgedessen fast leer die Grenze. Auf der Rückreise wurde ich vom DDR-Zoll kontrolliert, systematisch „gefilzt“. Mein Gepäck, meine Taschen musste ich bis auf den Boden ausräumen und ausbreiten. Dabei fanden sie einen Taschenrechner, den ich mir in Hannover gekauft hatte. Die Einfuhr derartiger Geräte war aus mir unerklärlichen Gründen verboten. Ich musste 100,- Mark (Ost) Zoll bezahlen, durfte ihn aber behalten.[36]

In einem Brief vom 11. Januar 1976 an die Eltern berichtete er ausführlich über seine erste Westreise. Nicht alles, was ihm dort geboten wurde, begeisterte ihn.

„....Was haben wir uns für Gedanken wegen eines Geschenkes gemacht. In den Kaufhäusern hätte man alles besser, billiger und auch in reichhaltiger Auswahl haben können. Am Sonnabend waren wir beim dicken Männe eingeladen, der einiges aufgeboten hatte, um seinen Wohlstand zu demonstrieren...“[37]

---

36 Stosik, Claudia (Hg.): Das kreativste Reiseland. Auf Reisen gehen ...während der DDR-Zeit, S. 91 f.

37 Anm.: Dieser Männe, ein Freund der Verwandten, stammte eigentlich auch aus Sachsen. Vielleicht verlegte er schon vor Gründung der DDR im Jahr 1949 seinen Wohnsitz ins heutige Bundesland Niedersachsen. Nun stellte mein Vater Mitte der 1970er Jahre bei seinem Besuch dort fest, dass der ehemalige Sachse mit seinen materiellen Errungenschaften mächtig angab. Das sind die eher unangenehmen Seiten der Westverwandtschaft und Bekanntschaft.

Verwandte 1. Grades, also Eltern oder Kinder erhielten die Reisegenehmigung etwas unproblematischer, aber trotzdem wusste man bis kurz vor Reisebeginn nicht, ob die Reisepapiere wirklich ausgestellt werden.

Im Oktober 1985 schrieb eine Frau aus Dresden über ihre bevorstehende Westreise.

„Ich sende Euch herzliche Grüße und möchte Euch mitteilen, daß ich vom 22.12.-1.1. nach München reisen darf. Die Erlaubnis dazu habe ich von Berlin bekommen. Die Reisepapiere sind ausgefüllt und am 18.12. 14.00 Uhr bekomme ich meinen Reisepass. Ich hoffe, daß nichts dazwischen kommt. Wenn ich Euch etwas mitbringen darf, würde ich mich sehr freuen, dann sagt es bitte der Mutter. Vielleicht etwas von Dresden: Andenken, Buch o.ä. Nochmals viele Grüße"

Man wollte nicht mit leeren Händen kommen, denn der Besuch war ja auf die Gastfreundschaft der Verwandten angewiesen. Offiziell, wenn ich mich recht erinnere, durften die DDR-Reisenden 50 DDR Mark 1:1 in 50 DM umtauschen. Aber was sind 50 DM für 10 Tage Aufenthalt bei der Verwandtschaft? Diese Abhängigkeit gefiel nicht jedem, es sei denn, man tauschte auf der Bank die hart erarbeitete DDR-Mark zu einem ungünstigen Kurs in harte Währung ein. Soweit ich mich entsinne, erhielt man für 100 Mark 25 DM. Das kommt fast einer Entwertung gleich.
Als Gastgeschenk ein Andenken aus der Heimat mitzubringen, ist eine gute Idee. Bei Büchern sah die Sache schon schwieriger aus, denn Bildbände von Dresden lagen nicht stapelweise in den Buchläden herum. Man musste schon mehrmals die betreffenden Läden aufsuchen, um eventuell gerade zur rechten

Zeit anwesend zu sein, wenn wieder mal eine Lieferung eingetroffen ist. Unter dem Ladentisch verkauften sich die Bücher eben so gut.

***

Zehn Jahre später, im Frühjahr 1986, hatte sich herumgesprochen, dass nun auch in der Bundesrepublik lebende Verwandte 2. und 3. Grades bei Vorliegen entsprechender Anlässe, und wenn die Behörden nichts dagegen einzuwenden hätten, besucht werden dürften. Offizielle Mitteilungen gab es dazu nicht.
Ganz so einfach gestaltete sich das Reisen in die BRD nicht, denn zuvor mussten einige Genehmigungen eingeholt werden. Dazu schrieb eine Frau aus Sachsen im Juni 1986 an ihre Verwandten in Bayern folgendes:

„Ich habe dankend beide polizeilichen Meldebescheinigungen erhalten. Ich denke, nun habe ich von Euch alles bekommen. Nun fehlt mir noch die Erlaubnisbescheinigung von meinem Betrieb. Das habe ich auch schriftlich am 10.6. beantragt. Jetzt muß eine Kommission über meinen Antrag beraten und die Kommissionsmitglieder sind im Urlaub. Bis zum Januar ′86 unterschrieb mir die Bescheinigung mein Generaldirektor. Ich bin ja neugierig, ob man mich fahren lässt....Also noch vielen Dank für Eure Bemühungen. Ich will und muß es diese Woche noch abgeben, bin neugierig, was für Probleme mit dem Betrieb noch auf mich zukommen.“

***

Prinzipiell konnte ich feststellen, dass die Besucher unbedingt Geschenke mitbringen wollten, um sich für die Gastfreundschaft erkenntlich zu zeigen. Aber es war ein aussichtsloses Unterfangen, in der DDR das passende Präsent zu finden. Und dann die schockierende Erkenntnis beim Stadtbummel: im Westen war alles schöner, preiswerter, qualitativ besser und es gab einfach alles. Es muss ziemlich erniedrigend gewesen sein. Zum Glück habe ich diese Erfahrung nicht machen müssen.

***

Als Abschluss dieses Kapitels kommt eine Mutter zu Wort, die es noch gar nicht fassen konnte, dass sie nun erstmals in die BRD reisen durfte. Das Jahr ist unbekannt, weil die Karte als Brief verschickt wurde.

„Meine Liebsten, ich stehe voll Bewunderung und weiß nicht, was ich reden soll. Ja, seht und staunt, in Garmisch-Partenkirchen ist Eure Mutter. Mir ist selbst noch, als ob ich träume. Im herrlichen Sonnenschein hat sich mir die Landschaft gezeigt, als ich hier ankam. Lotte holte mich ab, da ich angemeldet war. Sie hat eine wunderhübsche Mansardenwohnung mit großem Balkon, mit Blick auf die schneebedeckte Zugspitze. Bald werde ich dieselbe, wenn es klar bleibt, von oben sehen. Herrlich, herrlich ist's hier, auch Partenkirchen selbst ist schön. Nach Ostern fahre ich dann weiter über Frankfurt nach Lünen. Wenn ich wollte, könnte ich bis Hamburg fahren u. zurück. Jedenfalls sehe ich vieles und schönes. […]. *Meine Gedanken sind inniger bei Euch. Immer möchte ich das Schöne mit Euch teilen. Seid Ihr alle schön artig und gesund? Heute ist nun schon der 7. Wie schnell wird meine Zeit herum sein…."*

***

Wiedersehen nach langer Zeit

Die Möglichkeit des Reisens in dringenden Familienangelegenheiten nahmen inzwischen auch Verwandte in Anspruch, die sich sehr lange nicht gesehen haben, zumindest nach dem Jahr 1961 keine Chance mehr hatten, ihre Verwandten zu besuchen. Die Bemühungen um Pass und Visum erstreckten sich allerdings über einen langen Zeitraum, so dass schon frühzeitig die Anträge mit den erforderlichen Unterlagen abgegeben werden mussten. Einen Antrag zu stellen, heißt noch lange nicht, auch die Genehmigung zu erhalten. Es bestand die Möglichkeit, einen Antrag auf Genehmigung einer Besuchsreise in die Bundesrepublik Deutschland zu stellen. Schwieriger gestaltete sich die Prozedur, wenn ein Ehepaar gemeinsam in Westdeutschland zu einem Familienereignis eingeladen wurde und nur einer die Genehmigung erhielt, wie es meinen Eltern im Frühjahr 1987 erging. Nach mehrmaligen schriftlichen Versuchen, Vorladungen im Volkspolizeikreisamt und Eingaben an das Ministerium für Inneres, erteilte man der Ehefrau keine Genehmigung, weil kein verwandtschaftliches Verhältnis anerkannt wurde. Aber wie mein Vater bemerkte:

> „In allen Fällen blieb es dem Ermessen der Behörden überlassen, Genehmigungen zu erteilen oder die Anträge abzulehnen. Sicher gab es dazu interne Richtlinien, aber keine für die Öffentlichkeit bestimmten gesetzlichen Grundlagen. Das führte zu Unsicherheit und Verärgerung in der Bevölkerung und zu einer Flut von Eingaben an die zuständigen staatlichen Stellen."[38]

---

38 Hüfner, Hans (1999): Alltag in der DDR, Westreisen, Ausreisen und Ausreißer, S. 157

Das Kapitel „Wiedersehen nach langer Zeit“ bringt natürlich auch positive Beispiele hervor. Wie mein Vater bereits erwähnte, lag die Erteilung der Genehmigung in den Händen der Verantwortlichen und jegliche Einflussnahme war zwecklos.

Im folgenden Beispiel berichtete 1984 eine ältere Frau über die erlebten Festlichkeiten im Rahmen der Familie. Der Poststempel von Rastatt stimmt mit dem Kartenmotiv nicht überein.

„Alle guten Wünsche für´s neue Jahr! Ihr werdet es schon gut begonnen haben in bekannter Gesellschaft. Ich bin im Dezember immer hin und her gereist. Kam gar nicht zum Schreiben.....Einen 90. Geburtstag haben wir bei Annemaries Schwiegervater feiern können als Familientag, mein Geburtstag war auch ein Familientreffen, meine Nichte aus Leipzig mit ihrem Mann waren bei mir zu Besuch. Nach 30 Jahren sahen wir uns wieder! Schön war´s!“

***

Aus Fulda in Hessen schrieb 1974 eine Frau an ihre Lieben in der Leipziger Gegend folgende Zeilen:

„Ihr Lieben!
Von der 2. Etappe meiner wunderschönen Reise herzliche Grüße. Ich habe bisher sehr glückliche Urlaubstage verlebt und bin tüchtig verwöhnt worden. Viele frohe Stunden des Wiedersehens hat es überall gegeben und morgen geht es weiter zu Tante Herta.“

***

Übersiedlung von DDR-Bürgern in die BRD

Bei Rentnern bestand die Möglichkeit, sich in der BRD nicht nur für ein paar Tage aufzuhalten, sondern für immer überzusiedeln. Meist wohnten nahe Verwandte, oft die Kinder, im Westen.

Ein älteres Rentnerehepaar verlegte etwa 1970 seinen Wohnsitz in die BRD, aber die Kontakte zu Freunden und ehemaligen Nachbarn blieben weiterhin bestehen. Im höheren Alter noch einmal in eine ganz neue Gegend zu ziehen, stellt eine große Herausforderung dar, aber wenn die Sehnsucht nach den Kindern und Enkeln, die im Westen leben, unendlich groß ist, hat so mancher DDR-Rentner die Hürde der Übersiedlung in Kauf genommen. Ob sich diejenigen dann in der neuen Heimat gut einlebten, ist eine andere Frage. Meist reisten sie gern zu Besuch in die DDR, was ihnen ja, zumindest meistens, nicht verwehrt wurde.

Einige Zeilen eines Briefwechsels belegen diese Zeit. Eine Frau aus einer großen Stadt in der DDR schrieb ihre Gedanken an ihre ehemaligen Nachbarn.

„...Wie geht es Euch, hoffentlich noch gut, habt Ihr nun eine Wohnung für Euch? Wenn Ihr einen Wunsch habt, so schreibt uns, gern schicken wir Euch das Gewünschte. Ich wünsche Euch noch recht viele frohe Lebensjahre, man denkt gern mal an früher zurück....“

Etwas melancholisch klingen diese Zeilen, denn die Hoffnung auf eine Wiedervereinigung der beiden deutschen Staaten verblasste mit den Jahren immer mehr.

Aber die Zeiten sollten sich doch ändern!

Im September 1970 erhielt eine Frau, wohnhaft in Zwickau, eine bunte Ansichtskarte aus Düsseldorf, worauf ihr der Absender seine Absage für den eigentlich geplanten Besuch in der DDR erteilte.

„Liebe Ruth!
Ich danke dir für deinen Brief, den ich erhalten habe. Ruth ich bitte dich, mache dir keine Umstände, ich komme nicht in Euer Paradies. Die Bettelei bin ich satt, ich verzichte auf die Gnade. Ich bin hier wegen meiner Zusatzrente. Ich hoffe, daß du dich über den Stoff freust. Da wir uns nun nicht sehen, das ist Pech. Bist auch gut so wenigstens für mich. Alles Liebe und Gute dein W."

Vielleicht verlegte der Betreffende seinen Wohnsitz „illegal" nach drüben und die Behörden machten ihm daher bei der Einreise Schwierigkeiten. Das sind lediglich Vermutungen, aber in der eigenen Familie gab es in all den Jahrzehnten des geteilten Deutschlands immer wieder unbegründete Ablehnungen seitens der zuständigen Ämter. Gründe fanden die DDR-Behörden immer. Der Postkartenschreiber meinte ja selbst, er hätte die Bettelei satt, also die ewigen Anträge ausfüllen, wochenlanges Warten auf eine eventuelle Aufenthaltsgenehmigung, Eingaben einreichen und was weiß ich noch. Er gab den Grund seiner Übersiedlung an – also auch ein finanzieller Aspekt.

***

Im April 1971 sandten Freunde oder ehemalige Nachbarn, die in die BRD übergesiedelt sind, eine Postkarte aus Celle in Niedersachsen ins Erzgebirge. Vielleicht hatte die Familie die Ausreise beantragt, obwohl das Anfang der 1970er Jahre eher die

Ausnahme war. Jedenfalls berichteten sie über das erste Jahr in der neuen Heimat.

„Lieber Rolf u. Helga! Ostermontag 1971
Wir sind schon 1 Jahr in der BRD. Haben uns in B. niedergelassen. Ich arbeite in einer Lebensmittelfabrik (Langnese Feinfrost). Wie geht es Euch! Wie geht es Deiner Mutter u. Schwester? Die meisten aus meiner Heimat wollen noch raus. Wann warst Du das letzte x zu Hause? Bitte schreibt uns mal mit genauer Anschrift, da [ich] *diese bloß aus dem Kopf* [weiß].*“*

Der Mann erkundigt sich, wann die Freunde das letzte Mal zu Hause gewesen seien. Sie kannten sich von früher, das heißt: Vermutlich sind es Vertriebene aus den ehemaligen deutschen Ostgebieten, eventuell aus den Randgebieten des heutigen Tschechiens – welches vor 1945 von deutschsprachigen Böhmen besiedelt war. Das erklärt auch, warum eine Familie mit Kindern in jenen Jahren in die Bundesrepublik Deutschland ausreisen durfte. Die Verhandlungen zu den Grundlagenverträgen standen noch bevor, so dass eigentlich aus der DDR nur Rentner übersiedeln durften. Für einige Flüchtlinge oder Umsiedler, wie die DDR die Vertriebenen nannte, war die DDR nur eine Zwischenstation. In Friedland in Niedersachsen existierte lange Zeit ein großes Aufnahmelager für Aussiedler aus Polen und anderen osteuropäischen Staaten.

Meine Vermutung schien richtig zu sein, denn über 20 Jahre später werden an denselben Empfänger im Erzgebirge Ostergrüße geschickt, allerdings von anderen Bekannten, die sich in der Höflichkeitsform anreden. Inzwischen durften die Leute ja nach Belieben von Ost nach West und umgekehrt reisen.

„Herzliche Grüße aus dem Ruhrgebiet senden Ihnen....Das Wetter ist leider etwas kühl. Ansonsten geht es uns gut, was wir von Ihnen auch hoffen. Hier haben sich sehr viele Bürger aus dem ehemaligen Sudetenland nach 1945 angesiedelt. Ich habe einige Schul- und Kinderfreunde von früher getroffen.“

***

Im nächsten Beispiel könnten die Kartenversender ebenfalls im sogenannten „Sudetenland“ oder Schlesien gewohnt haben. Ob sie nun nach der Vertreibung sofort in die damals westlichen Zonen Deutschlands kamen oder vorerst in der DDR wohnten, ist nicht klar. Auf jeden Fall kannten sie die Empfängerin, denn sie schienen ähnliche schwere Zeiten durchgemacht zu haben. Es ist Februar 1974 und die Ansichtskarte wurde aus einer kleinen Stadt in Hessen nach Sachsen in die Nähe von Chemnitz verschickt.

„Liebe Frau L.!
Ihren lieben Brief dankend erhalten. Wir hoffen, daß es Ihnen gesundheitlich gut geht, das wir von uns berichten können. Frau M. ging es wie uns, wir haben auch alles liegen gelassen. Wie auch die Zeiten damals waren bei diesem Durcheinander. Man hat sich gesagt, es ist wieder zu ersetzen, aber es kommt doch sehr vieles aus dem Gedächtnis. Und wenn es noch so lange her ist, man hängt doch noch sehr an der Heimat, zudem jetzt das meiste kaputt u. weg ist. Liebe Frau L., die Heimatbriefe habe ich auch, bitte nicht schicken, Sie können sie Hilde geben, wenn sie keine hat.“

Andererseits könnte die Heimat auch Chemnitz oder Plauen gewesen sein, weil diese beiden Städte noch kurz vor Kriegsende durch Bombenangriffe schwer zerstört wurden. Die Heimatbriefe wiederum deuten auf die ehemaligen Ostgebiete hin. Jedenfalls erlitten diese Menschen Schicksalsschläge, die mitunter nie verarbeitet wurden, sonst würden diese Themen nicht 29 Jahre später noch so präsent sein.

***

Ebenfalls im Jahr 1971 verlegte ein Rentner-Ehepaar aus Sachsen seinen Wohnsitz nach Bayern in die Nähe von Rosenheim. Wahrscheinlich ist die folgende Ansichtskarte an eine Bekannte oder Nachbarin in Sachsen die erste Nachricht seit ihrer Übersiedlung.

„Liebe Frau L.!
Endlich mal eine Nachricht von den [Familienname]*! Nach 3 Jahren haben wir uns an das hiesige gewöhnt, denken aber trotzdem oft zurück. Mit fehlen oft die alten guten Bekannten. Mit Luftbeschwerden habe ich oft zu kämpfen. Wenn auch alles teuer wird, haben wir finanziell absolut keine Sorgen. Wir halten es sehr mit Südfrüchten, die noch recht billig sind und immer vorrätig. Landschaftlich ist es recht schön. Oft fahren wir nach Tirol, Kufstein und auch nach Rosenheim. Da gibt es recht viel für das Auge. Tagesfahrten mit Bus werden in diesem Jahr wieder unternommen. Die sind sehr schön und billig. Wie geht es Ihnen allen?.....“*

Drei Jahre hat es gedauert, ehe sich das Ehepaar einigermaßen eingelebt hat. Deutlich entnimmt man den Worten, wie sehr sie die Annehmlichkeiten in der BRD genießen, aber die menschliche Seite mitunter zu kurz kommt. Gesundheitliche Probleme haben sich eingestellt, allerdings gibt die schöne neue Umgebung Kraft für den Alltag. Den Grund der Übersiedlung erfährt man nicht, vielleicht spielte auch hier die finanzielle Absicherung eine Rolle. Es ist schön, sich viel leisten zu können und uneingeschränkt zu reisen, aber ein „Wermutstropfen“, also eine leise Bitternis trübt manchmal die Lebensfreude in der neuen Heimat. Alles ist eben nie beieinander. Das kommt in diesen Zeilen deutlich zum Ausdruck.

***

Im November 1974 teilte ein Ehepaar ihrer Bekannten in Thüringen mit, dass sie demnächst in die BRD übersiedeln werden.

„Von einer Besichtigungsreise hierher schicken wir Dir herzliche Grüße. Wir werden also im Januar, spätestens Februar übersiedeln. In einem der kleinen 2-Familienhäuser werden wir wohnen. Wir freuen uns eben sehr darauf; es ist eine recht hübsche Umgebung mit viel Wald und Wasser! Bitte teile mir umgehend Deine Weihnachtswünsche mit, denn ich bin in Zeitdruck.“

Ja, wünschen durften sich die DDR-Bürger schöne Dinge aus dem Westen. Wenige Monate später erhielt dieselbe Bekannte wieder Post, dieses Mal schon vom neuen Wohnsitz des Ehepaares in Schleswig-Holstein.

„Liebe Helga! Dein Geburtstagspäckchen kommt sowieso zu spät, drum schreibe mir bitte schnell; soll die Bluse einfarbig sein, Ton in Ton oder abstechend. (Farbe?) oder gemustert? Kurze oder lange Ärmel? Bitte teile mir das umgehend mit. Schönen Dank für Deinen Brief....“

***

Während der Westreise bemerkte man die enormen Unterschiede zwischen den beiden Staaten und so manch einer ward hin- und hergerissen, ob er nicht doch gleich im Westen bleiben sollte. Die nächste Karte aus dem Rheinland berichtet davon:

„Liebe Frau M., liebe Chormitglieder!
Sende Ihnen allen viele liebe Grüße von hier. Mir gefällt es sehr gut, nur die Wochen müßten nochmal so lang sein. Aber kommen tue ich auf alle Fälle wieder, denn nach [Heimatort] *hab ich mich doch gesehnt. Nochmals viele Grüße Eure Chorschwester"*

Noch vor dem Mauerbau im August 1961 war es relativ einfach in die BRD überzusiedeln. Ein Antrag auf Ausreise musste allerdings gestellt werden. In den 1950er Jahren verließen Tag für Tag viele Menschen die DDR – ihr Heimatland. Gründe gab es genug, sei es die Versorgungsengpässe, eingeschränkte Reisemöglichkeiten, aber besonders die politische Entwicklung veranlassten die Menschen ihrer Heimat den Rücken zu kehren.
Dazu schrieb mein Großvater im Dezember 1957 auf Grund der nun schon jahrelang erteilten Ablehnung der Aufenthaltsgenehmigung für seinen Sohn aus Bayern folgende Zeilen:

„Ja, ja es ist eben traurig was in der Scheißostzone alles möglich ist u. dabei steigt der Flüchtlingsstrom immer mehr."[39]

Jeder, der diesen Schritt der Übersiedlung in die Wirklichkeit umsetzte, wird persönliche Gründe gehabt haben. Arbeitskollegen verloren den Kontakt zueinander, Schulfreunde und Studienkommilitonen gingen ihre eigenen Wege, doch manchmal

---

39 Brief v. 3.12.1957 v. P. Hüfner in Groitzsch an H. Hüfner

bewirkte ein Zufall, dass die Menschen aus der ehemaligen DDR wieder zueinander fanden – wie im folgenden Beispiel:

Es ist August 1958. Eine Frau in Münster/Westfalen schrieb an eine andere Frau in Hamm.

„Liebe Frau B.! Im Heimatblatt las ich Ihre Adresse. Ich freue mich, daß Sie endlich rüber gekommen sind. Ich bin seit 1954 hier bei meinem Sohn. Wie geht es Ihnen gesundheitlich? Mir geht es gut. Meinen Mann habe ich 1948 in Dresden verloren. Mein Karl-Heinz [Sohn] *ist auch 1950 gestorben mit 30 Jahren. Kam schwer krank aus Rußland zurück. Ich würde mich sehr freuen, wenn Sie mir mal schreiben würden, was aus unserer Wohnung geworden ist.*
Viele heimatliche Grüße Ihre Frau S.“

Es ist nicht eindeutig zu entnehmen, ob die beiden Frauen einst in Dresden gewohnt haben. Es spricht einiges dafür, weil die ehemalige Wohnadresse der Absenderin der Empfängerin bekannt sein müsste, sonst hätte die Frau sie nicht um Auskunft gebeten. Beim Bombenangriff im Februar 1945 auf Dresden wurde die Stadt schwer zerstört, aber nach den Informationen auf der Karte müsste sich die Wohnung in einem weiter vom Zentrum gelegenem Wohnviertel befunden haben.

Dass sie die Adresse der Bekannten in einem Heimatblatt gefunden hat, spricht eher für Vertriebene aus den ehemaligen deutschen Ostgebieten. Diese Menschen veröffentlichten ihre Namen und Adressen, um auf diesem Weg vermisste Menschen zu finden. Ob der Kontakt zwischen den beiden Frauen später wieder aufgenommen wurde, bleibt natürlich offen.

Die wenigen Zeilen auf der Postkarte reichen aus, um sich das ganze Elend des Krieges, der Nachkriegszeit, der deutschen Teilung, aber auch die Hoffnung auf einen Neubeginn vorzustellen. Es ist immer wieder erschütternd, welche Schicksale Menschen erleiden mussten. Ein Krieg bringt nur Unheil für alle Beteiligten, aber noch heute propagieren die Regierungsverantwortlichen zahlreicher Länder für Waffenlieferungen in Krisengebiete. Und das Elend geht weiter!

***

Als Abschluss zum Thema „Übersiedlung" entschied sich noch Ende der Achtziger Jahre ein Rentnerehepaar in die BRD umzuziehen. Man dachte, die Grenze würde ewig bestehen, obwohl sich in den 1980er Jahren eine Entspannung in bezug auf Reisen und mehr Offenheit anbahnte, die es doch einigen Menschen erlaubte, ihre Verwandten im Westen zu besuchen. Aber nicht jeder hatte verwandtschaftliche Verbindungen, so dass diese Leute keine Möglichkeit erhielten, sich auch einmal mit eigenen Augen vom „goldenen Westen" zu überzeugen.

„Herzliche Grüße aus meiner neuen Welt. Hoffentlich ist bei Euch alles in Ordnung.....Bei uns regnet es tüchtig, aber wir haben es trocken und warm. Wir freuen uns ganz toll auf das nächste Jahr in dem sicher all unsere Wünsche erfüllt werden."

Wenn sie geahnt hätten, dass nur drei Jahre später die Grenze der Vergangenheit angehört, wer weiß, ob sie dann diesen Schritt noch getan hätten. Schließlich blieben die Kinder und Enkel zurück und hinterließen eine Lücke im zukünftigen Leben.

***

Erinnerungen an die alte Heimat

Die alte Heimat ward nicht vergessen, das lässt sich auf vielen Postkarten nachlesen. Eine Familie aus Thüringen erhielt in den 1970er Jahren eine schöne Urlaubskarte von einem Bekannten, worauf folgender Text stand:

„Aus der schönen Steiermark von Mariazell sende ich Dir herzliche Urlaubsgrüße. Schönen Dank noch für Deinen lieben Brief. Ich freue mich immer von Dir Neuigkeiten aus der alten Heimat zu erhalten. Wenn Dich Deine Wege mal nach Westen führen sollten, dann mußt Du mich unbedingt besuchen.“[40]

***

Wiederum aus den Anfängen der 1970er Jahre schrieb eine Verwandte an ihren Freundeskreis in Thüringen. Sie bedankte sich für all die guten Geburtstagsglückwünsche, die sie aus der alten Heimat erhielt.

„Ich sehe sie alle im Geiste in fröhlicher Runde sitzen, vor sich einen Riesenbecher Eis mit Schlagsahne stehen und genießerisch schleckend! Wir denken oft an den schönen gemütlichen Kreis, als wir bei Frl. Anni bei Vollmond u. Bowle zusammen saßen! Erinnerungen sind viel wert! Ich wünsche von Herzen, daß Sie alle weiterhin so schön zusammenhalten u. gesund bleiben....“

Diese Zeilen über die einst so wunderbare nachbarliche Gemeinschaft mit all den Erlebnissen klingen etwas wehmütig. Nun gehören sie nur noch brieflich bzw. gedanklich dazu.

---

40 Karte v. 1.6.1979 aus Mariazell/Steiermark nach Thüringen

Auch kulinarisches aus der ehemaligen Heimat ist im Gedächtnis geblieben und manchmal wünscht man sich die typischen Landesspeisen wie im folgenden Beispiel:

„Ich bin hier in einer Jugendherberge, das Wetter ist gut. Nur das Essen ist nicht so gut wie bei Euch. Vor allem Tante Ingrids Klöße[41]*. Die vermisse ich sehr.“*

***

Einige erinnern sich an die alte Heimat, wenn sie sich in einer landschaftlich ähnlichen Gegend aufhalten. Wald bleibt Wald, doch kennt man bestimmt ein „deja vu“ Erlebnis. In mehreren Beispielen erinnern die Wälder an den Thüringer Wald.

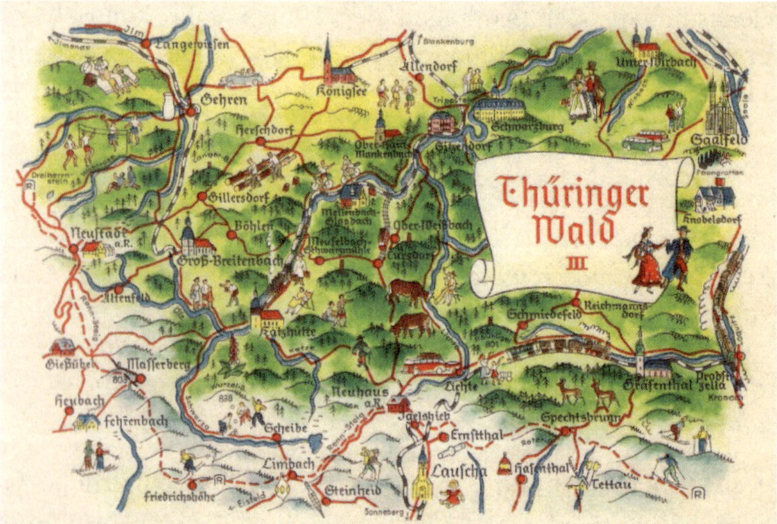

41 Anm.: Es handelt sich hierbei um die bekannten Thüringer Klöße

„Im Hessenlande ist die Welt noch fast ziemlich unberührt. Viel Wald + Weideland, wie im Thüringer Wald."

Die andere Karte berichtet:

„Der Solling erinnert mich sehr an Thüringen."

Der Solling ist ein Mittelgebirge des Weserberglandes in Niedersachsen mit Ausläufern nach Hessen.

Nicht nur in Hessen und Niedersachsen wird die Erinnerung an den schönen Thüringer Wald ins Gedächtnis gerufen – nein: auch in Bayern vergleicht man die Gegend mit Thüringen.

„Wir sind im Urlaub nach Bayern gefahren und haben es hier gut angetroffen. Landschaftlich ist es hier wie im Thüringer Wald."

***

Als es 1990 möglich war, ohne Einschränkungen in den Westen zu fahren, stellten Reisende nach Bayern sehr schnell die Unterschiede betreffs Mentalität und Eigenheiten der Menschen fest.

„Es ist eine sehr schöne Gegend, aber bei der Thüringer Gastfreundschaft kommen sie nicht mit!"

***

Vergleiche mit der früheren Heimat werden immer wieder einmal gezogen. Die Bilder lassen sich nicht aus der Erinnerung verdrängen. So teilte eine Frau ihre Gedanken und Eindrücke ihrer Freundin in der DDR mit, das Jahr ist unbekannt, da die Postkarte als Brief beschrieben wurde.

„Ich schicke Dir 2 Karten vom Donautal, wo ich vor 2 Jahren im Herbst war. Die Landschaft hat mich an die Sächsische Schweiz erinnert. – Hast Du noch meinen Gruß aus Pirna bekommen? Das Wetter ist bei uns auch trübe, heute morgens eine richtige Novemberstimmung mit Nebel. Gestern dachte ich an die schönen Konzerte in Dresden. Auch dafür danke ich Dir herzlich, daß Du alles so nett plantest. Die Menschen staunten, als ich erzählte, was ich in dieser Woche alles erlebte."

Aus dem letzten Satz geht hervor, dass manche Westdeutsche gar keine genauen Vorstellungen über die DDR hatten. Wer keine Verbindungen nach „drüben" hatte, wusste meist nicht viel über die dortigen Verhältnisse. Ein vorgefertigtes Bild, präsentiert von den Medien, tat sein Übriges. Um so mehr staunten einige Menschen, wie eben im Brief erwähnt, dass das Leben im Osten ebenfalls viel an Kultur und Landschaft zu bieten hatte!

***

Es gab Leute, welche am DDR-Geschehen regelmäßig Anteil nahmen, indem sie Zeitungen sammelten, Fernsehsendungen mit Hingabe anschauten und sich für alles, was in der ehemaligen Heimat geschah, interessierten.

„Vielen, vielen herzlichen Dank – eben traf Dein Einschreibe-Päckchen mit der Festbroschüre „Die 3. Semperoper" hier ein! Ich habe mich riesig gefreut! Auch die Zeitungsberichte – herzlichen Dank! Du kannst glauben, alle Berichte aus d. Zeitungen, im Fernsehen habe ich gesammelt u. gesehen. Die Generalprobe „Der Freischütz" haben wir am Fernseher miterlebt! Neulich wurde auch ein Bericht aus Dresden mit dem großen Rennfahrer gesendet, auch eine Fahrt im Auto durch die Stadt konnten wir sehen! Wir nehmen regen Anteil an dem Ge-

schehen! Diese Zeilen über meine Freude mußte ich schnell loswerden.“

Diese Postkarte wurde kurz nach der Wiedereröffnung der Semperoper in Dresden am 13. Februar 1985 geschrieben. Nach jahrelangem Aufbau aus Ruinen entstand das berühmte Opernhaus von Gottfried Semper zum dritten Mal in seiner Geschichte. Es sind begeisterte Zeilen, woran man erkennen kann, dass die Heimat niemals in Vergessenheit geriet.

***

Eine etwas wehmütige Karte aus Bad Bertrich in Rheinland-Pfalz schrieb in den 1970er Jahren eine Frau an ihre Verwandte oder Bekannte in der DDR. Eine Empfängeradresse gibt es nicht, weil die Postkarte als Brief versandt wurde.

„Liebe Marianne!
Hier will ich mir nun endlich Zeit lassen, um Dir für Deine lieben Glückwünsche zu meinem 70. zu danken. Ich habe mich wirklich so sehr über Dein Gedenken gefreut. Ja, meine Marianne, wir sind nun alle alt geworden u. das Leben war doch manchmal recht schwer und voller Sorgen. Heute denke ich eben nur noch an die schönen Jahre u. Stunden zurück u. lebe von den Erinnerungen. Es gibt so vieles, was einem Trost gibt u. das Vergangene leichter tragen läßt. Man muß eben versuchen, trotz allem noch etwas aus seinem Leben zu machen....“

Diese Zeilen treffen sicherlich auf viele ältere Menschen zu, unabhängig davon, ob sie in der BRD oder in der DDR lebten bzw. in der heutigen Zeit in Deutschland.

***

Besuche von BRD-Bürgern in der DDR

Bundesbürger hatten nach dem Mauerbau weiterhin die Möglichkeit, nach entsprechender Antragstellung in die DDR einzureisen. Anfangs, unmittelbar nach dem 13. August 1961, mussten sie allerdings auch mit Schwierigkeiten rechnen.[42]

Im Laufe der Zeit lockerten sich die Einreisebedingungen, allerdings gab es immer wieder Zwischenfälle – auch in der eigenen Familie.

Im August 1968 besuchte der Bruder meiner Großmutter seine sächsische Heimatstadt und quartierte sich bei seiner Verwandtschaft ein. Insgesamt vier Wochen durften sich Bundesbürger in der DDR aufhalten, wobei ein Mindestgeldumtausch, man nannte es auch Zwangsumtausch, erforderlich wurde.

In einem Brief vom 15. August 1968 berichtete P. Hüfner:

„Während H. noch bei uns war, hat sich auch noch Onkel W. bei uns einquartiert, er wollte bis zum 10. August hier bleiben, aber bereits am 3. August hat er die Ostzone fluchtartig verlassen. Am Freitag, den 2. Aug. kam zu uns gegen Abend die Polizei u. frug nach W., da er gerade nicht anwesend war, wurde gesagt, daß er sich mit der Aufenthaltsgenehmigung auf der Polizeidienststelle melden soll, dort bekam er den Bescheid, daß er sich nur innerhalb der Stadt aufhalten darf, also nicht mal nach Pegau durfte er, das ging außerdem allen den hier zu Besuch weilenden Westdeutschen so. Als W. von der Polizei nach Hause kam, war er ganz erschüttert u. hatte den Entschluß gefaßt, keinen Tag länger hier zu bleiben. Am

42 Anm.: siehe Kapitel: Aufenthaltsgenehmigung für Bundesbürger

Sonnabend hat er sich abgemeldet, er brauchte nicht mal deshalb nach Borna zu fahren, u. am Abend ist er dann schnellstens hier abgedampft. Da müssen die Westdeutschen eine Masse Geld umtauschen u. sind dabei wie Gefangene festgehalten.“

Damals konnte man sich den Grund der eingeschränkten Bewegungsfreiheit nicht erklären, da die Nachrichten die realen Ereignisse verschwiegen. Allerdings empfing man in der Leipziger Gegend das „erste deutsche Fernsehen“ und wurde so über die momentane politische Lage informiert. Aus heutiger Sicht ist klar, welche gravierenden Ereignisse damals in der Tschechoslowakei stattfanden.

> „In der Nacht zum 21. August 1968 marschierten etwa eine halbe Million Soldaten der Sowjetunion, Polens, Ungarns und Bulgariens in die Tschechoslowakei ein und besetzten innerhalb weniger Stunden alle strategisch wichtigen Positionen des Landes. Es war die größte Militäroperation in Europa seit 1945.“[43]

Seitens der DDR hat man bereits vor dem Einmarsch vorsorglich Maßnahmen ergriffen, um eventuelle Reaktionen in der DDR zu unterbinden. Am Einmarsch selbst waren die DDR-Grenztruppen nicht beteiligt. Dass westdeutsche Besucher sich plötzlich nur noch eingeschränkt in einer Kleinstadt aufhalten durften, war schon ungewöhnlich und verhieß nichts Gutes. Die „Maßnahmen“ ergriff die DDR-Regierung bereits Anfang August, also waren die DDR-Obersten aller Wahrscheinlichkeit

---

43 Friedrich Wiener: *Die Armeen der Warschauer-Pakt-Staaten.* 6. Aufl., Wien 1974, S. 45; Anm.: Über das Thema „Prager Frühling“ gibt es ausreichend Literatur, wo man sich ausführlich über die damaligen Ereignisse informieren kann.

nach über die Vorgänge in der Tschechoslowakei informiert und befürchteten, die Kontrolle zu verlieren.

Auch die geplante Reise nach Bayern im Oktober 1968 wurde von den Großeltern als ungewiss eingestuft. Die Antragstellung dauerte mitunter sehr lange und unter diesen angespannten politischen Verhältnissen herrschte die Willkür mehr als je zuvor.

„In was für eine Zeit sind wir bloß hineingeraten.“

stellte der Großvater als Fazit fest.

***

Brief von P. Hüfner aus Groitzsch nach Dresden v. 29.12.1977:

„Ein Wermutstropfen hat unserer Weihnachtsfreude gestern einen großen Dämpfer versetzt. H. mußte zwangsweise die DDR wieder verlassen, da gestern Donnerstag seine 30 Tage abgelaufen waren, die er im Jahr zu beanspruchen hat. Da war selbst in Borna kein Nachgeben, diese drei Tage noch zu bewilligen, man kann aber nicht viel mehr erwarten von unserer Polizei, denn da sind alle westdeutschen Bürger dieser Kolonne ein Dorn im Auge, nur der Westmark sind sie gut, das betrifft auch was Westmark anbetrifft, unseren Bekannten, das andere alles ist Gift.“

Mit diesen Zeilen ist alles gesagt – Die DDR-Staatsmacht konnte agieren, wie es ihr gerade passte. Und die Menschen mussten sich fügen, denn spätere Einreisegenehmigungen wollte man nicht gefährden. So war das!

***

Nicht alle Menschen hatten Probleme, weder während des Aufenthaltes in der DDR noch am Grenzübergang. In den 1970er Jahren besuchte eine Familie ihre Tante in Sachsen. Die Rückfahrt verlief reibungslos und auch sonst hatten sich die Besucher in der DDR wohl gefühlt. Irgendwann siedelte die Familie in die Bundesrepublik, aber anscheinend ist alles bei der Übersiedlung ordnungsgemäß abgelaufen, so dass keine Schwierigkeiten auftraten, zumindest klingen die Zeilen auf der folgenden Karte recht positiv.

„Liebe Tante Elli!
Bereits um 16.30 Uhr waren wir am Sonntag zu Hause. In Mannheim mussten wir natürlich viel erzählen von unserem Aufenthalt bei Euch. Die Fahrt ging sehr gut. Gleich am Montag morgen ging es weiter nach Bayern. Wir sind hier 50 Leute aus dem ganzen Bundesgebiet. Ich komme mir richtig verloren vor unter so vielen Chorsängern. Eigentlich wäre ich jetzt lieber zu Hause. Aber ich hoffe, es macht auch hier Spaß u. Freude. Ich wünsche Dir alles Gute und nochmals vielen Dank für die Gastfreundschaft und die Gemeinschaft bei Euch."

Die einst gute Gemeinschaft in der DDR wird auf den Postkarten immer wieder angesprochen. Man kann daraus entnehmen, dass es im Westen in dieser Beziehung Defizite gab. Einige Westdeutsche hatten Vorbehalte gegenüber den ehemaligen DDR-Bürgern und das zeigten sie mitunter auf subtile Weise, was die Eingewöhnung der Ausgereisten nicht gerade einfach machte. Diesbezügliche Erfahrungen werden natürlich sehr unterschiedlich wahrgenommen worden sein. Wahrscheinlich empfindet man erst aus einer anderen Perspektive auch die positiven Seiten der ehemaligen Heimat.

***

Kein Interesse für Besuch in der DDR

Auf Grund der eben berichteten Gegebenheiten verspürten nicht alle Bundesbürger den Wunsch, sich in der DDR aufzuhalten. Komplikationen gab es meistens bei den Menschen, die einst die DDR-Staatsbürgerschaft besaßen. Einige lehnten einen Besuch prinzipiell ab, sie hatten ihre Gründe.

Davon erzählt eine Ansichtskarte von der „Luisenburg“, einem Felsenlabyrinth im Fichtelgebirge vom Mai 1970:

„Liebe Wanderfreunde!
Auch hier im Fichtelgebirge ist gut wandern. (Besten Dank für die Kartengrüße vom Auersberg). Nur etwas wärmer dürfte es sein. Seit dem 26.5. sind wir hier. Ein zauberhaftes Fleckchen, gute Unterkunft, reichliche Kost u. vor allem langer tiefer Schlaf. Sofort ist man ein anderer Mensch. Karl [ihr Ehemann] *fährt ja ein paar Tage in „Euer Paradies“. Ich habe keine Sehnsucht u. bleibe hier. Das einzige was ich bedaure, ist der Plausch mit Euch. Bin bis 10.6. hier. Würde mich über Post freuen. Herzlichst...“*

Die Urlaubskarte schickte man nach Karl-Marx-Stadt. Vielleicht entschied sich die Frau nur dieses Mal, auf den Besuch bei den Freunden zu verzichten. Das wäre gut möglich.

***

Andere lehnten es allerdings kategorisch ab, die DDR jemals wieder zu betreten. Ein Freund erzählte mir von der genehmigten Übersiedlung seines Onkels nebst Familie in die BRD. Im Jahr 1957 verabschiedeten sie sich am Dresdner Hauptbahnhof von der ganzen Verwandtschaft und sahen sich nie wieder. Zumindest nicht diejenigen, welche das Rentenalter noch nicht erreicht hatten, um in die BRD zu fahren. Das ist eigentlich unvorstellbar. Den mittlerweile im Ruhrgebiet wohnenden Verwandten ist zu Ohren gekommen, dass es ehemaligen DDR-Bürgern nach ihrer Einreise in die DDR passieren kann, dass sie für die Kartoffelernte eingespannt werden könnten. Ob das nun ein Gerücht war oder nicht – diese Familie verzichtete grundsätzlich auf einen Besuch in der alten Heimat. Die schwere Nachkriegszeit erlebten sie hautnah und verspürten wenig Lust, „Kartoffeln stoppeln" zu gehen. Dazu fiel mir eine Karte aus Hamburg vom September 1950 in die Hände, worauf noch folgende Anfragen beantwortet werden sollten:

„Wie geht es Ihnen? Was machen Sie sonst noch, jetzt sind Sie doch mit der Arbeit fertig oder gehen Sie immer noch Kartoffeln stoppeln? Wir denken oft an Sie. Vorige Woche bin ich in Hamburg gewesen bei meinem Neffen, es hat mir gut gefallen es ist herrlich wieder mit allen Angehörigen zusammen zukommen."

Etwas herablassend wird von einer Person die Frage gestellt, ob die Bekannte immer noch Kartoffeln stoppeln gehen würde. In der BRD musste sich wahrscheinlich zu dieser Zeit niemand mehr die zusätzlichen Lebensmittel auf diese Weise beschaffen. So bisschen fehlt das Verständnis für die Situation in der DDR. Und dabei lag die Gründung beider deutscher Staaten gerade mal ein Jahr zurück, und schon in der Anfangszeit traten die Differenzen hinsichtlich der Versorgung mit Lebensmittel hervor. Während im Westen die Schaufensterauslagen reichhaltig ausgestattet waren und die Leute sich schon etwas „leisten" konnten, sah es in dieser Beziehung in der DDR mager aus.

Nun zurück zum Kartoffeleinsatz:
In den 1950er Jahren und auch später war es nicht unüblich, dass in der Erntezeit Schüler, Lehrlinge oder Studenten bei der Kartoffelernte mit helfen mussten.

> „Am 1.9.78 war es dann soweit, wir wurden in Cottbus immatrikuliert. Nach der Einführungswoche ging es dann auch gleich zu einem 3wöchigen Kartoffeleinsatz nach Jessen."[44]

Auch die Autorin schickte man zu Lehrbeginn, ebenfalls am 1. September 1978, auf das Land zur Kartoffel Nachlese. Wir kletterten in einen Traktoranhänger und los ging die Fahrt über holprige Wege und Felder bis wir ans Ziel gelangten und dort mühsam die Felder nach Kartoffeln absuchen mussten.

***

Wiederum waren manche Westbürger nicht ganz abgeneigt, ihre Leute in der DDR zu besuchen, zögerten allerdings. Eine Nichte schrieb Anfang der 1970er Jahre eine Briefkarte mit der detaillierten Beschreibung ihrer Wohngegend, einer thüringischen Kleinstadt. Sie beschreibt die Wohnlage, die Natur, die Lage des Bahnhofs, Waldbads und vieles mehr.

Wahrscheinlich wollte sie die Tante neugierig machen und sie gleichzeitig damit ermuntern, sich doch mal zu einer Reise zu entschließen. Vermutlich kannte die Tante die Heimat der Nichte noch nicht.

---

44 Q.: Brigadetagebuch Nr. 13 von 1981 LBK Landbaukombinat Dresden

*„Liebe Tante Reni!
Heute mal ein Foto von unserem Neubaugebiet: Links ist unser Wohnblock. Leider ist mein Balkon durch den Baum verdeckt. Unten die Bäume gehören zum Park. Die unteren 2 Blocks sind 1960 gebaut worden. Die oberen sind in den letzten Jahren gebaut worden. Hochhaus mit x ist die neue Apotheke. Mit den vielen Stangen ist der Bahnhof, unterhalb etwas rechts. Links der Wald ist nur 10 Minuten entfernt. Im Hintergrund der Wald ist in bloß 25 Minuten erreichbar. Der Stadtkern befindet sich links vom Stadtpark. Das Waldbad liegt ebenfalls links im Tal. Vielleicht könntet ihr doch mal kommen. Momentan gibt es noch wenig Besucher mit Auto nach hier. Es ist noch sehr umständlich zur Zeit. Nun haben sie auch den Grundvertrag[45] durchgeboxt."*

***

45 Q.: Grundlagenvertrag – Wikipedia oder auch Grundvertrag zwischen der DDR und der BRD wurde am 21. Dezember 1972 geschlossen und trat am 21. Juni 1973 in Kraft.

Mindestumtausch

Bei Reisen in die DDR oder Ostberlin wurde mit Wirkung vom 1. Dezember 1964 ein Mindestumtausch eingeführt. Westdeutsche mussten 5 DM pro Tag, Westberliner 3 DM pro Tag im Verhältnis 1:1 umtauschen. Die Rentner und Kinder waren von dieser Regelung ausgenommen. Viele Jahre änderte sich vorerst nichts an diesem Mindestumtausch, der auch „Zwangsumtausch" oder „Eintrittsgeld" genannt wurde.

Ab 15. November 1973 änderte sich diese Regelung drastisch, denn ab sofort mussten 20 DM pro Tag und Person für eine Einreise ins Gebiet der DDR vorgenommen werden, Rentner und Kinder waren nicht mehr ausgenommen. Bei Besuchen nach Ostberlin mussten immerhin noch 10 DM umgetauscht werden.[46] Das hatte zur Folge, dass kaum noch komplette Familien ihre Verwandten in der DDR besuchten, weil die Reisekosten den finanziellen Rahmen überstiegen. Überwiegend wohnten die Besucher ja bei ihren Verwandten, so dass keine großen Kosten nötig waren.

Genau am 15. November 1973 schrieb mein Großvater an meine Eltern den folgenden Brief und lieferte gleich plausible Gründe für diese Entscheidung.

„Von heute an sind nun die erhöhten Umtauschgebühren zu berappen. Es ist ja höchst lächerlich, was da für Argumente angegeben werden zur Begründung dieser Erhöhung. Es ist doch immer eine selbstverständliche Sache, daß unser Besuch volles Gastrecht genießt, aber nach den Ausführungen sind diese Bestimmungen so zu verstehen, daß bei Verwandtenbesuchen

46 Q.: wikipedia/wiki/Mindestumtausch#Ablauf_DDR (01.2023)

nicht die Verwandten ihre Besuche bewirten, sondern die Besucher gehen, insbesondere da sie hohe Ansprüche stellen, in eine besonders teure Gaststätte, um dort die Mahlzeiten einzunehmen, was sie natürlich auch selbst bezahlen müssen, was sonst eigentlich sonst unsere Sache wäre. Und da hat man natürlich auch schön gepfefferte Preise angesetzt. Für Frühstück 3,50 bis 5,50 Mark, für Mittagessen 7,- bis 11,- u. Abendessen 6,- bis 8,- Mark, u. damit begründet man, daß der erhöhte Umtausch gerechtfertigt ist."[47]

***

Im Jahr 1980 erfolgte seitens der DDR-Obrigkeit noch einmal eine drastische Erhöhung des Mindestumtausches pro Tag, was allgemeine Empörung auslöste.

„Wir wurden ja drüben auch überrascht von der Erhöhung des Geldumtausches, die Empörung war groß. Wir werden da wohl kaum mit Westbesuch rechnen können, außer Horst.
Gunter hat uns am Sonnabend hergebracht und am Sonntag ist er zurück, das kostete ihn 50 Mark Umtausch und 15 Mark Visum. Wer weiß, was für Schikanen die DDR noch bringen wird."[48]

***

47 Brief v. 15.11.1973 v. P. in Groitzsch an H. Hüfner in Dresden
48 Ebd. Brief v. 5.11.1980; Literaturhinweis zu Mindestumtausch bzw. Pflichtumtausch: Bender, Peter (1996): Episode oder Epoche? Zur Geschichte des geteilten Deutschland, München, S. 189

Besuch in der geteilten Stadt Berlin

Von einer Familie, deren verwandtschaftliche Zusammenhänge ich nicht deuten kann, sind einige Karten aus den Jahren zwischen 1964 bis 1973 vorhanden. Besonders an die Tante in Bayern, anfangs wohnte sie noch am Bodensee, schickte man fleißig Ansichtskarten. Die Familienverhältnisse spielen auch nur eine untergeordnete Rolle, aber auffällig ist, dass die Menschen, welche jetzt in Bayern oder in Westberlin wohnen, wahrscheinlich nicht immer dort ansässig waren. Das ist, wie in vielen anderen Familien, der deutschen Geschichte geschuldet. Die Mauer hat ihr übriges getan.

Berlin: Brandenburger Tor
von der westlichen Seite aus im Juli 1989

Und wenn sich die Menschen einmal in der neuen Heimat eingelebt haben, kehren sie in den wenigsten Fällen an ihren

Geburtsort zurück. Mitunter wäre das während der deutschen Teilung sowieso nicht möglich gewesen.
Ein Teil der genannten Familie wohnte früher einmal in Berlin, aber im östlichen Teil und fühlen sich dort bei Besuchen immer wieder wohl. Der jetzige Wohnort befindet sich irgendwo in der DDR.

Im Sommer 1968 werden Grüße an die Tante in Bayern auf die Reise geschickt.

„Viele liebe Grüße aus Berlin liebe Leni senden ...Waren gestern schon in Weißensee mit dem Auto. Zu gerne ist man hier, als wenn man gar nicht weg war. Das Wetter ist herrlich, M. brachte es mit, vom 1. Tag an war es schön. Sie wollen sich auch in KW erholen, das Jahr ist dann wieder lang, denken darf man nicht....“

Bei einem weiteren Berlinbesuch bereits im Sommer 1972 schreibt die Familie wieder an die Tante.

„Liebe Leni!
Sind in unserer alten Heimat und fühlen uns sehr wohl. Unsere größte Freude ist am Freitag, wenn Heidi und Familie rüber kommt. Sind bei der F., sie wohnt ja auch herrlich. Leni warst Du wieder unterwegs? Wir warten auf Post von Dir. Schade um den schönen Pulli. Er war zu knapp. Wie kamst Du auf 52? G. trägt ihn mit großer Freude. Schönen Dank.“

Im März 1973 schrieb eben genannte Verwandte mit dem Vornamen Heidi, die in Westberlin wohnte, an ihre Tante Leni in Bayern. Diese Karte ist sehr aufschlussreich, nicht nur, weil persönliches mitgeteilt wird, sondern auch, weil das alte Berlin vor 1945 vor ihrem geistigen Auge noch einmal in Erinnerung gerufen wird.

„Liebe Tante Leni!
Vielen Dank für Deinen Brief. Ich glaube, die Post spinnt! Es hat alles gestimmt. Heute mal eine Karte aus unserer nächsten Umgebung.[49] *Gestern waren wir in Ost-Berlin. Wir waren im Märk.-Museum und auf der Fischerinsel, dem alten Kiez. Die Sperlingsgasse*[50] *ist ja weg, aber der Jungfern-Steg ist noch da und die alten kaputten Kirchen.*

Das Märkische Museum in Berlin-Mitte im April 2019

---

49 Anm.: Das Kartenmotiv zeigt das Märkische Viertel – ein großes Neubaugebiet im Bezirk Reinickendorf. (Postkarte an Tante Leni)

50 Anm.: Eine historische Ansichtskarte der Sperlingsgasse auf Seite 86 lässt Alt-Berlin noch einmal wieder entstehen.

Jungfern-Steg in Berlin-Mitte

Schade, das alles so verkommt! Bei unseren Verwandten waren wir am Nachmittag dann. An die Leipziger habe ich auch ein Paket für Monika geschickt. Es ist aber noch keine Antwort da. Ich glaube, Monika hat wenig Lust zum Schreiben, aber nimmt doch recht gern. Na, was will man machen. Bei uns alles gesund und munter. Dieter will bei Mutti nächste Woche das Zimmer malen. Gruß Heidi u. Anhang"

Dass die Sperlingsgasse nicht mehr da ist, stimmt nicht so ganz. Im Krieg wurden von den denkmalgeschützten Häusern einige zerstört, darunter das Wohnhaus des Dichters Wilhelm Raabe.

Die Karte vom Tagesbesuch in Ostberlin berichtet nicht nur von den Stadtspaziergängen sondern auch von der Undankbarkeit der Leipziger Verwandten. Nicht jeder, der ein Päckchen aus dem Westen erhielt, antwortete sofort. Auch hatte nicht jeder Lust dazu, stellte es doch eine Pflichtübung dar. Andererseits meinte die Westberliner Verwandte: *„Na, was will man machen."*

***

Diese Gasse existiert noch, aber teils mit Neubauten.

***

Familientreffen Ost und West

In einigen Kapiteln war schon die Rede von Familienfeiern und Wiedersehen nach vielen Jahren. Zu den Festlichkeiten in der Bundesrepublik durften ja nur ausgewählte Personen reisen, darüber berichtete ich schon. Meist nahmen an diesen Familienzusammenkünften nur die Rentner teil, wie das folgende Beispiel zeigt:

„Ihr Lieben Drei, 25.8.86
wir grüßen Euch herzlich aus dem schönen Odenwald wo wir dieses Jahr Urlaub machen. Es gefällt uns prima, besonders schön war das Wochenende mit Besuch aus Hannover, Wiesbaden und Leipzig. Ein herrliches Familientreffen mit viel Spaß u. Freude u. „Überraschungen“. Alles Nähere werdet Ihr von Eurer Omi hören. Seid herzlich gegrüßt von Tante Lotte und Onkel Paul“

***

Ebenfalls nach Sachsen wurde diese Karte Anfang der 1980er Jahre geschrieben:

„Herzliche Grüße aus dem Schwarzwald. Wir sind nach unserem großen Familienfest für 8 Tage hierher gefahren… “

***

Die Familientreffen fanden zu den entsprechenden Anlässen auch in der DDR statt, bei dem der gesamte Verwandtschaftskreis zusammen traf. Meine eigene Familie veranstaltete im August 1975 ein dreitägiges Fest anlässlich der Goldenen Hochzeit der Großeltern. Das war das einzige Jubiläum, welches die Verwandtschaft aus Ost und West zusammen feierte. Aus der Sicht einer Jugendlichen war es eher kein Vergnügen.

Einige Verwandte sah ich bei dieser Gelegenheit zum ersten Male. Gleichaltrige Cousinen und Cousins glänzten mit ihren „echten" Jeans, worauf ich, das muss ich wirklich zugeben, sehr neidisch war. Worüber sollte ich mich unterhalten? Kurz vor dem familiären Ereignis kam ich aus dem Kinderferienlager aus Polen zurück, aber das interessierte niemanden. Ich habe eigentlich nie so richtig Zugang zu den Westverwandten gefunden. Mein Wohlbefinden zwischen all den fremden Personen war nicht das Beste. Und ich denke, so erlebten es bestimmt viele DDR-Verwandte, wenn die bucklige Verwandtschaft zusammenkam. Böse wurde es, so erzählte mir ein Freund, wenn die selten zu Besuch kommende Verwandtschaft für die Kinder Schokolade oder Kaugummis mitbrachten und zu den Kleinen meinten:

„Aah, ich habe dir was mitgebracht, jetzt singst du mir dafür ein schönes Lied."

Es war wie Weihnachten – frei nach dem Motto: „nur wenn du fein ein Gedicht aufsagst, bekommst du ein Geschenk." Und die Eltern haben dabei, etwas abseits stehend, „die Augen verdreht". Darüber könnte ich noch seitenweise schreiben, es war einfach beschämend. An eine Begebenheit kann ich mich noch genau erinnern. Es war Anfang der 1970er Jahre. Onkel und Tante aus Hannover kamen zu Besuch. Tante meinte:

„So, jetzt gehen wir in den Supermarkt einkaufen".

Wir konnten uns darunter nichts vorstellen, aber auf diese Weise verteilten sie ihre Geschenke, das waren Bananen, Schokolade und andere Süßigkeiten, an uns Kinder. Wir kannten das nicht, „in den Supermarkt gehen". Es war eigentlich immer nur eine einseitige Angelegenheit, denn was sollten wir bzw. meine Eltern denen schenken?[51]

---

51 Anm.: Im Kapitel „Ostpakete" ab Seite 146 wird auf diese Thematik oder auch Problematik noch genauer eingegangen.

Familientreffen außerhalb Deutschlands

Nicht wenige Familien, Freunde und Bekannte reisten ins sozialistische Ausland, um ihre Angehörigen und langjährigen Freunde zu treffen. Das betraf vor allem ehemalige DDR-Bürger, die in den Westen ausgereist sind und über die man nun eine Einreisesperre verhängt hatte. Ihnen wurde es jahrelang verwehrt, in ihre ehemalige Heimat zu reisen. Das nächstliegende Land war die Tschechoslowakei, so dass viele Menschen vor allen an Feiertagen wie Pfingsten oder Ostern die Gelegenheit nutzten, um sich endlich einmal wieder zu sehen.
Eine Familie aus dem Erzgebirge, die aller Wahrscheinlichkeit nach, irgendwann in die BRD ausgereist ist, korrespondierte mit einem befreundeten Ehepaar,
Sie grüßten ihre Freunde aus ihrer Urlauberstadt Wien verbunden mit der Hoffnung auf ein baldiges Wiedersehen.

„Liebe Familie S.
Vielen herzlichen Dank für Ihr nettes Geschenk, waren weg die Feiertage in Spanien. Fahren Frühjahr nicht nach Franzensbad, erst wieder im November, hoffe Sie u. Ihren Herrn Gemahl in Franzensbad zu sehen....“

***

Franzensbad befindet sich in Tschechien, unweit der bayerischen Grenze, genau so wie Karlsbad und Marienbad. Auch ich kannte eine Freundin in Westdeutschland, die ich mittlerweile mehr als zwei Jahre nicht mehr gesehen hatte, jedoch ergab sich Pfingsten 1983 die Chance zu einem Treffen. Da ich kein Auto besaß, verabredeten wir den Treffpunkt kurz hinter dem Grenzübergang in Oberwiesenthal, hoch oben auf dem Erzgebirgskamm, auf tschechischer Seite in Gottesgab (Boži Dar). In

Dresden fuhren wir 6 Uhr mit dem Bus bis Annaberg-Buchholz und von da aus weiter bis Oberwiesenthal. Bis zur Grenzübergangsstelle mussten wir bei sengender Hitze noch einige Kilometer zu Fuß laufen, um an das Ziel zu gelangen. Endlich am Grenzübergang angekommen, erlebten wir eine Überraschung:

In Oberwiesenthal: Der Weg zur Grenze führte am FDGB-Erholungsheim am Fichtelberg vorbei

Offensichtlich erregten wir die Aufmerksamkeit der Grenzsoldaten, denn wir wurden zielstrebig heraus gegriffen und unter fadenscheinigen Gründen systematisch gefilzt, was den Verdacht nicht unbegründet erscheinen ließ, dass hier nicht allein der Zufall im Spiel war.[52] Wir wurden einzeln in einem kleinen Raum verhört. Was die DDR-Grenzer nicht alles wissen woll-

52 Anm.: Die Freunde reisten vor Jahren aus der DDR aus, so dass seitens der Sicherheitsbehörden der DDR Anlass bestand, die Ost-West-Freundschaften unter die Lupe zu nehmen.

ten: Wo wollen Sie hin? Mit wem treffen Sie sich? Welche Geschenke haben Sie mit? Was ist der Zweck Ihrer Reise? Wo übernachten Sie? Es folgten noch unzählige Fragen, bis wir letztendlich entlassen wurden. Die Geschenke durften wir behalten.

Auf einem Campingplatz ca. 30 Kilometer südlich von Karlovy Vary (Karlsbad), in Bečov nad Teplou (Petschau), übernachteten wir in einer Art Finnhütte. Am Pfingstsonntag unternahmen wir einen Ausflug nach Plzeň (Pilsen). Unsere Geschenke, Kindersachen und -spielzeug entsprachen dem Geschmack der Gastgeber, abgesehen davon benötigte die Freundin als junge Mutter diese praktischen Dinge auf jeden Fall. Selbst unter dem Aspekt des Nichtgefallens sparte sie einige Kosten. Insgesamt bewirkte die jahrelange Trennung schon eine gewisse Entfremdung. Grenzen wirken eben trennend! Sie kannten ja die DDR-Verhältnisse, so dass wir nichts Interessantes zu erzählen wussten. Um so mehr horchten wir gebannt über ihre bisherigen Erfahrungen im Westen. Das „Konsumthema“ stand an erster Stelle. Was kostet wo, wie viel und wo erhält man preisgünstige Angebote? Auch über die weniger erfreulichen Seiten im Westen wurde diskutiert – beispielsweise die Behördengänge. Unangenehm empfand ich den Besuch eines Restaurants in Karlovy Vary, welches völlig überfüllt war und wir eigentlich dort nicht speisen hätten können. Unsere Freunde aber „winkten“ mit dem bundesdeutschen Reisepass und schon eilten die Kellner herbei und führten uns zu einem Tisch. Den hätten wir als DDR-Bürger niemals bekommen. Das waren die unangenehmen Seiten der Ost-West-Freundschaft.

***

Grenze

Die Grenze zwischen beiden deutschen Staaten war bekanntlich sehr gut gesichert. Nach welchen Gesichtspunkten die Menschen kontrolliert wurden, weiß man nicht mit Bestimmtheit. Nicht nur die Autofahrer mussten manchmal lange an der Grenze warten, auch im Zug dauerten die Kontrollmaßnahmen und alles was damit zusammenhing mitunter sehr lange.

Der Vater der Autorin schrieb in diesem Zusammenhang von der Rückreise aus Italien im Jahr 1957:

> „Bereits am Abend fahren wir weiter. In Gutenfürst heißt uns das Vaterland mit Lautsprechermusik und Sprüchen willkommen. Es ist die dritte Grenze, die wir innerhalb 24 Stunden passieren, und nur hier wird man sich dessen bewußt, daß ein Grenzübergang auch heute noch eine ernst zu nehmende Angelegenheit ist. Man merkt sofort, hier herrscht Ordnung, und unwillkürlich schrumpft man, von unbegründeten Schuldgefühlen belastet, zusammen, um nicht aufzufallen.“[53]

***

Die Menschen hatten keine Möglichkeit, schnell und ohne bürokratischen Aufwand einen Verwandten auf der anderen Seite der Grenze zu besuchen. Das war besonders im Krankheitsfall sehr ärgerlich. Aber darauf nahmen die DDR-Behörden keine Rücksicht.

---

53 Stosik, Claudia (Hg.): Wir sind im Land unserer Träume...Eine Reise von Dresden nach Italien im Sommer 1957, S. 146

„Bedauern tue ich auch, daß ich durch die blöde Grenze die Mutter nicht einmal schnell besuchen kann. Ich hatte dem Vater geschrieben, er soll mir mal ein Einreisevisum besorgen, vielleicht kann ich da mal einen kurzen Wochenendbesuch machen."[54]

***

Ein weiteres Beispiel zeigt, wie wenig flexibel die Reisen in die DDR geplant werden konnten. Die Verzögerungstaktik seitens der DDR-Behörden bei der Antragstellung für die Einreise verhinderte die Kontakte zwischen den Deutschen. Das war natürlich Absicht. Im Oktober 1972 schrieben Leute aus München an ihre Verwandten im Kreis Rostock.

„Viele Grüße aus München senden Euch...Bitte seid nicht böse, daß wir nicht gekommen sind, aber es ist doch unangenehm, wenn man nicht so fahren kann wie man will. Vielleicht sehen wir uns nächstes Jahr – aber dann kommen wir."

***

Einige Jahre später hat sich an der schwierigen Situation überhaupt nichts geändert.

Ein Verwandter schrieb im November 1979, dass er es bedauert, der Mutter bzw. meiner Großmutter nicht helfen zu können.

„Wir hoffen, daß die Hand in absehbarer Zeit wieder in Ordnung kommt. Da die Eltern schrieben, habt Ihr sie schon tüchtig unterstützt.

54 Brief v. 17.1.1980 aus Bayern an H. Hüfner in Dresden

Leider ist da von uns wenig und vor allen Dingen keine schnelle Hilfe durch die Grenzziehung mitten durch Deutschland zu machen.“[55]

***

„Wir bedauern immer wieder, daß wir uns nicht schnell einmal in unser Auto setzen können und ohne große Schreiberei und Vorbereitungen mal in die DDR fahren können. Gerade jetzt wenn man alte Eltern hat wäre das sehr wichtig.“[56]

***

Der letzte Satz traf sicherlich auf viele alte Menschen zu, die in der DDR lebten und für die nun eine Lösung gefunden werden musste.

Im schlimmsten Fall kam ein Pflegeheim in Frage. Auch hierzu habe ich schriftliche Mitteilungen auf Ansichtskarten gefunden. Es gab viele Gründe, dass Angehörige nicht zeitnah die gebrechlichen Eltern oder sonstigen Verwandten unterstützen konnten. Manchmal wohnten Menschen vor Ort, die sich kümmerten, wie im folgenden Beispiel.

„Von ganzem Herzen Dank Euch beiden für die Liebe und Fürsorge, die Ihr unserer Mutter zuteil werden laßt. Es ist wirklich großartig, wie Ihr Euch für sie einsetzt. Wenn wir wieder in Lübeck sind, werden wir versichern, euch mit ein paar Sachen zu erfreuen. Es soll nicht bloß bei einem „Vergelt's Gott“ bleiben,

55 Brief v. 6.11.1979 aus Niedersachsen an H. Hüfner in Dresden
56 Brief v. 2.1.1983 aus Bayern an H. Hüfner in Dresden

obgleich das natürlich das Entscheidende ist. – Eventuell werden wir Anfang November wieder nach [die Heimatstadt] *fahren.“*[57]

Ein Jahr später befindet sich die eben erwähnte „Mutter“ im Pflegeheim. Anscheinend hat sich keine bessere Lösung gefunden. Aber zumindest gibt es Südfrüchte als zusätzliche Kost!

„Bananenpaket schickten wir ins Pflegeheim. Unser DDR-Reisetermin muß klein bißchen verschoben werden, da ich nur für den 18.10. eine Vertretung bekomme; Vorschlag also: 12. Oktober – 25. Oktober, dann ist immer noch etwas Spielraum drin...“

Da musste sich die alte Mutter im Pflegeheim eben gedulden, auch wenn ihr das Warten mit Südfrüchten versüßt wurde. Das Arbeitsleben stand und steht auch heute noch an oberster Stelle, daher ordnete sich aller Wahrscheinlichkeit alles andere unter, selbst wenn ein nahestehender Mensch sehnsüchtig auf Besuch wartete. Ob das immer die richtige Entscheidung war bzw. ist?

***

Im nächsten Kapitel folgen Erfahrungen, die Menschen an der innerdeutschen Grenze im Laufe der Jahrzehnte erdulden mussten.

***

57 Die Urlaubskarte schickten die Verwandten von der Nordsee. Auf den Urlaub wollte man nicht verzichten. Stattdessen kümmerten sich Menschen vor Ort um die alte Mutter.

Grenzerfahrungen

In einem Brief vom Juli 1970 wird über einen Vorfall, man kann sagen Schikanen, an der Grenze berichtet. Die betreffende geschädigte Frau war eine Nachbarin meiner Großeltern.

„Ich denke, daß Horst Mitte der kommenden Woche kommt. Hoffentlich kommt er gut über die Grenze, daß es ihm nicht so geht wie gestern der Frau B., die aus Nürnberg zurückkam. Ihre Tochter hatte ihrer Mutter nach Nürnberg einige hundert Mark Westgeld überweisen lassen, da Frau B. das Geld zum größten Teil in Nürnberg nicht verbraucht hat, hat sie es mit Nachhause nehmen wollen, um es im Intershop umzusetzen. An der Grenze haben sie ihr das ganze Geld weggenommen, es waren 265 Westmark u. außerdem mußte sie noch für das andere Zeug noch 88 Mark für Zoll bezahlen. So etwas wird bei uns gemacht mit einer alten Frau, die monatlich mit 150 Mark Rente auskommen muß.“[58]

Nicht immer benahmen sich die Zollmitarbeiter gegenüber den aus der BRD wieder zurückreisenden DDR-Besuchern so unhöflich. Es gibt auch andere Beispiele, wo alles glatt ging und die Leute froh waren, relativ problemlos die Grenze passiert zu haben, wie hier im September 1976 von Bayern nach Sachsen.

„Wir sind hier wieder gut gelandet. Wir haben wieder viel zu erzählen. Man ist immer ganz geschafft nach so einer Reise. Nach der Grenze kann man wieder Luft holen. – Ansonsten freuen wir uns aufs Wiedersehen...“

***

58 Brief v. 10.7.1970 v. P. Hüfner in Groitzsch an H. Hüfner in Dresden

Eine Frau aus Wernigerode schrieb im April 1980 an ihre Verwandten in Bayern, dass sie wieder gut in der DDR angekommen wäre.

„Meine Lieben!
Ich bin gut angekommen und es ist das Wetter jetzt wunderschön, da werden wir viele Spaziergänge machen. Wir sind von Augsburg bis Saalfeld in einem Waggon ganz allein gewesen. In Probstzella an der Grenze sind wir ganz vornehm behandelt worden. Von Saalfeld hatten wir nochmals 5x umsteigen müßen....“

***

Auch im Juni 1975 verlief der Grenzübertritt relativ problemlos, weil es für die kontrollierenden Grenzmitarbeiter viel zu tun gab, denn der Zug sei übervoll gewesen – so die Worte auf der folgenden Briefkarte.

„Liebe Familie S.
Nun bin ich wieder gut in Dresden, 18.36 gelandet. An der Grenze standen wir 40 Minuten. Es verlief alles glatt, nur den Paß vorzeigen, es mußte schnell gehen, denn der Zug war übervoll...“

***

Viele Jahre später, die Mauer existiert nicht mehr, könnte man meinen, der Grenzübergang, in diesem Fall nach der Tschechoslowakei, wäre problemlos. Doch ein Tourist aus Bayern berichtete über zahlreiche Schwierigkeiten beim Grenzübertritt während einer Reise ins östliche Nachbarland

„Wir hatten wirklich eine wunderbare Zeit in Prag – können ja bald alles mündlich austauschen. Leider war am Hinweg der Grenzübertritt sehr langatmig und fast wie früher – wir waren recht enttäuscht u. verloren so viel Zeit. Aus diesem Grund und weil die kleinen Straßen einen doch nicht sehr zügig vorwärts bringen, hätten wir Euch unbedingt auch die Fahrt über Hof empfohlen....“

An der bekannten Grenzübergangsstelle in Schirnding/Bayern standen wir, ich die Autorin und ein Freund, bei einer Fahrt in die Tschechoslowakei ebenfalls mehrere Stunden. Das schien dort gewohnheitsmäßige Praxis zu sein. Im Mai 1990 sollte sich die Situation jedoch entschieden geändert haben, aber dem war nicht so. Treffen mit den Verwandten oder Freunden im osteuropäischen Nachbarland gehörten nun der Vergangenheit an, es sei denn, man möchte im Land seinen Urlaub verbringen.

***

Sperrgebiete

Bevor überhaupt die Grenze zwischen den beiden deutschen Staaten als Grenze zu erkennen ist, existierte im DDR-Teil ein Sperrbezirk. Das heißt, eine mehrere kilometerlange Strecke konnte nur mit einer Genehmigung betreten werden. Einwohner dieses Sperrbezirks durften zwar Besuch empfangen, aber dieser musste sich aufwändig anmelden. Spontane Sonntagsbesuche sind damals nicht möglich gewesen.
Eine Frau, die sich zur Kur in Thüringen aufhielt, schrieb im März 1975 an ihre Mutter in Dresden eine Karte. Der Ort befand sich ziemlich nahe dem Grenzbereich, wie auf der Karte beschrieben wird.

„Liebe Mutti, herzliche Grüße von meinem Kuraufenthalt. Wir haben herrliches Wetter, Sonnenschein und ab und zu etwas Wind. Es ist ein altes Schloß und ich bin in einem 3 Bettzimmer untergebracht. Versorgt werden wir bestens, insgesamt 139 Mann.[59] *Wir sind nahe der Westgrenze, bei Bebra, deshalb ist es auch Sperrgebiet. Aber wir haben genug Wanderwege. Für Dich wäre es zu bergig...“*

***

Manchmal warfen die Menschen auch einen Blick über die Grenze, schließlich war das nicht verboten. Aus dem Urlaub in Thüringen im September 1964 berichteten die Großeltern auf einer Ansichtskarte folgendes:

59 Anm.: Mit „Mann“ meinte die Frau nicht nur Männer sondern Frauen und Männer.

„Heubach liegt 700 m hoch, da pfeift der Wind schön über die Höhen, sonst ist es landschaftlich hier sehr schön, gestern haben wir die Feste Coburg sehr schön gesehen."

Erneut wird in einem Brief über dieselbe Urlaubsreise berichtet:
„Nun noch zum Schluß etwas von unserer Reise nach Heubach. Es hat uns dort u. in der weiteren Umgebung sehr gut gefallen. Heubach liegt zirka 700 m hoch u. es ist dort das Schöne, man brauchte im allgemeinen nicht von der Höhe groß herunter um schöne Wanderungen zu machen, in allernächster Nähe lag der zirka 800 m hohe Simmelsberg von dem man eine herrliche Rundsicht über die Rhön, die Thüringer Berge u. weit nach Bayern hinein hatte u. a. sahen wir die ***Feste Coburg*** *von der Sonne beschienen deutlich liegen, wir hätten Lust nächstes Jahr nochmal dahin zu fahren."*[60]

Blick auf die Veste Coburg in Bayern

60 Brief v. 7.10.1964 v. P. Hüfner in Groitzsch an H. Hüfner i. Dresden

Weil eben die „Feste Coburg“ erwähnt wurde, „springe“ ich in der Geschichte 26 Jahre in die Zukunft, denn die Verhältnisse haben sich inzwischen entschieden geändert!

Ein Kurgast schrieb im November 1990 an seine Familie in Sachsen ein paar Zeilen. Dabei geht es weniger um die Kurerfolge, sondern um die veränderten Verkehrsbedingungen im Kurort, der im „toten Winkel“ des Kreises Hildburghausen lag.

„Ihr Lieben!
Einen herzlichen Gruß aus einem einst ruhigen Tal an der „Grenze“ – heute Durchgangsstraße für den Raum Coburg, direkt am Sanatorium vorbei.“

***

Im grenznahen Gebiet blickten die Leute von einem günstigen Aussichtspunkt gerne ins „ferne Westdeutschland“ – wie auch das letzte Beispiel dieses Kapitels zeigt.

Im März 1968 schrieb ein Mann aus dem Ostseebad Heringsdorf an seinen Freund oder Bekannten in Bad Liebenstein in Thüringen, welcher sich dort einer Kur unterzog.

„Recht herzlichen Dank für Deine netten Kartengrüße aus Deinem Kurort, wir haben uns sehr darüber gefreut. Daß dort eine schöne Gegend ist, glauben wir gern, bei klarer Sicht wirst Du sicherlich die Wasserkuppe in der Rhön sehen, wo ich im Oktober auch oben war. Wir wünschen Dir einen guten Kurerfolg.“

***

Waren von West nach Ost und umgekehrt

Der innerdeutsche Warenverkehr unterlag strengen Bestimmungen – einige Beispiele belegen die damalige Praxis der DDR-Zollverwaltung.

„Horst ist gut über die Grenze gekommen, es war eine sehr lange Schlange die dort abgefertigt werden mußte, deshalb ging die Abfertigung zügig vonstatten. Deshalb hat er auch die Lampen ungesehen nübergebracht, wer weiß, ob diese bei einer Kontrolle durchgelassen worden wären."[61]

Der Onkel hatte die zwei Lampen in der DDR bestellt und schnell bekommen, was für einen DDR-Bürger sicherlich nicht so einfach und zügig vonstatten gegangen wäre. Man konnte sich nie sicher sein, ob die Ware auch unbeschadet über die Grenze gebracht werden kann.

***

Beim Passieren der Grenze von West nach Ost allerdings wurden mitunter mitgebrachte Geschenke beschlagnahmt.

In einem Brief vom Januar 1977 schrieb jemand:

„....es tut ihm leid, daß ihm an der Grenze 2 Bücher zurückbehalten wurden, die er uns schenken wollte."

Bücher und Zeitschriften in die DDR mitzubringen, war mitunter mit einem Risiko verbunden. Manche Bücher gehörten zur Kategorie „unerwünscht", Zeitungen und Zeitschriften waren

61 Brief v. 4.10.1976 v. P. Hüfner in Groitzsch an H. Hüfner in Dresden

sowieso verboten, es sei denn, es handelte sich um Handarbeitszeitschriften.

***

Zum Thema Bücher und Antiquitäten gibt es einige interessante als auch empörende Berichte vom Vater der Autorin:

„Auf der Rückfahrt nach München [im Januar 1981] wurde mein Bruder H. beim Passieren der deutsch-deutschen Grenze von den Zollorganen der DDR kontrolliert. Einzelne Herren sind in dieser Hinsicht bevorzugte Objekte. Sie fanden in seinem Gepäck ein Buch mit dem Titel „Bunte Bilder aus Sage und Geschichte“, das wir vor Jahren von unseren Großeltern zu Weihnachten geschenkt bekommen hatten, deklarierten es als Antiquität und begannen auf dieser Grundlage das übliche Spiel. Das Ende der Geschichte: H. durfte das Buch zwar behalten, musste es aber zurückschicken.

Die Geschichte hat noch ein zweites Ende:
Noch während der Kontrolle hatten sie über ihr internes Nachrichtensystem ermittelt, dass der Vater von H., also mein Vater, ebenfalls versucht hätte, Antiquitäten illegal aus der DDR auszuführen.[62] Man kann daraus schließen, dass sie konsequent registrieren, wer und was ihnen missfällt, dass das System perfekt funktioniert, dass sie bei Bedarf jederzeit das „Sündenregister“ eines jeden Bürger ihres Staates abrufen und einsehen können.“[63]

62 Anm.: Bericht vom März 1979 von Vater/Großvater Hüfner über die antiquarischen Zeitschriften auf Seite 105

63 Hüfner, Hans: Alltag in der DDR, Dresden 1999, S. 32

Zollverwaltung der
Deutschen Demokratischen Republik

Bezirksverwaltung Leipzig

Postzollamt Leipzig 18

7018 Leipzig, den 15.12.78

DDR/BRD

B 089740

Bitte diese Nr. im Schriftverkehr angeben!

~~Beschlagnahme~~-/Einziehungs-Entscheid

Die – XXXXX Postsendung Pkt./XXX Nr. 467 Aufgabepostamt 7222 Groitzsch

Absender: Hüfner, P. (Name und Vorname) 7222 Groitzsch (Wohnort)

(Kreis, Straße, Hausnummer) DDR (Land)

Empfänger: Hüfner, W (Name und Vorname) D- (Wohnort)

(Kreis, Straße, Hausnummer) BRD (Land)

Lfd. Nr.	Genaue Bezeichnung Gegenstände oder Zahlungsmittel	Gebrauchswert in %	Mengeneinheit	Anzahl	Gewicht in kg	Bemerkungen
1	Antiquarische Zeitschriften		St	12		
	14. Deutsches Turnfest Köln 1928, Nr. 1-4 1927, 5-13 1928					
2	Antiquarische Zeitschriften		St	15		
	15. Deutsches Turnfest Stuttgart 1933, Nr. 1-5 1932, 6-15 1933					
3	Antiquarisches Buch		St	1		
	"Jahrbuch der Turnkunst 1914"					
4	Antiquarische Zeitschriften		St	6		
	13. Deutsches Turnfest München 1923, Nr. 1-7					
	Eintragung beendet					

Grund der [redacted]Einziehung:

Vorstehend aufgeführte Gegenstände oder Zahlungsmittel werden wegen Verstoßes gegen die 20. Durchführungsbestimmung zum Zollgesetz der Deutschen Demokratischen Republik und den Bekanntmachungen des Ministers für Außenwirtschaft über im grenzüberschreitenden Geschenkpaket- und -päckchenverkehr auf dem Postwege geltenden Verbote und Beschränkungen vom 14. 6. 1973 (GBl. I S. 2[illegible]) gemäß § 16 Zollgesetz vom 28. 3. 1962 (GBl. I S. 42) in der Fassung des Anpassungsgesetzes vom 11. 6. 1968 (GBl. I S. 242) beschlagnahmt und eingezogen.

Gegen diesen Entscheid steht Ihnen das Rechtsmittel der Beschwerde zu. Soweit von diesem Recht Gebrauch gemacht wird, ist die Beschwerde unter Angabe der Nummer des Beschlagnahme-/Einziehungs-Entscheides bei obengenannter Dienststelle innerhalb von 4 Wochen einzulegen und zu begründen.

Die Sendung war postordnungswidrig, eine Ersatzleistung durch die Deutsche Post ist ausgeschlossen.

Unterschrift

Dienstsiegel

Unterschrift/Dienstgrad

Blatt 3 für den Empfänger bzw. Absender

ZV 171

„Antiquitäten: nach einem Bericht meines Vaters, März 1979: Ihr seid keine Kommunisten, ihr seid….! Diese Worte schleuderte mein Vater einem Mann vom Zoll an den Kopf, bevor er ihn aufforderte, sein Haus zu verlassen. Zuvor hatte sich folgendes zugetragen.
Mein Vater besitzt als ehemaliger aktiver Turner Turnfestzeitungen der Deutschen Turnfeste 1913 in Leipzig, 1928 in Köln und 1933 in Stuttgart, die er seinerzeit durch Abonnement rechtmäßig erworben hatte. Den Band Leipzig soll ich einmal bekommen, die Kölner und Stuttgarter Zeitungen sollte mein Bruder in Hannover übernehmen. Vor Weihnachten wurden sie zur Post gebracht und beschlagnahmt. Als Antwort auf den Einspruch meines Vaters erschien jener Mann vom Zoll in der Wohnung meiner Eltern und erklärte, es handele sich um Antiquitäten, die nicht ausgeführt werden dürften. Eine Rückgabe sei nicht möglich, da die Zeitschriften vernichtet würden. Diese Auskunft sei endgültig, weitere Einsprüche wären zwecklos.“[64]

In einem Brief schrieb mein Großvater zu dieser Sache folgendes:
„Mir hat es noch einen schweren Schock versetzt, daß nun die Turnfestbücher endgültig weg sind. Ich hatte deshalb ein großes Schreiben zum Zollamt geschickt u. darauf besuchte mich ein Zollkommissar. Das Ende vom Lied, daß ich ihn, nach dem er mir seine haltlosen Argumente beibringen wollte, aus dem Haus gewiesen habe.“[65]

***

64 Hüfner, Hans: Alltag in der DDR, Dresden 1999, S. 32
Anm.: Diese Turnfestbücher sind tatsächlich vom DDR-Zoll vernichtet worden oder es hat sie sich jemand unberechtigt angeeignet. Nur die Leipziger Festbücher vom Turnfest 1913 sind erhalten geblieben, da sie ja nicht nach dem Westen verschickt worden waren.

65 Brief v. 9.2.1979 v. P. Hüfner in Groitzsch an H. Hüfner in Dresden

Westpakete

Zum wichtigen Bestandteil der Verbindungen zwischen den Menschen im gespaltenem Deutschland gehörte das Versenden von Westpaketen in die DDR. Teilweise schickte man lediglich zu Weihnachten ein Paket, das sogenannte Pflichtpaket, welches meistens Süßigkeiten und ein Päckchen Kaffee enthielt. Einige sandten auch zwischendurch Pakete mit Lebensmittel, Drogerieartikel oder Bekleidung. Je nach persönlicher Beziehung erhöhte sich die Anzahl der Geschenkpakete. Wer ein Westpaket erhielt, freute sich und konnte es kaum erwarten, bis es geöffnet wurde.

Was wurde alles geschickt?

Die Bandbreite reichte von gebrauchter Kleidung, Kaffee, Schokolade, Kakao, gut riechender Seife bis hin zu Pfeffer und Salz. Das Kaffeethema wird im nächsten Kapitel erörtert. Über Pfeffer und Salz braucht man nicht reden, diese Produkte waren zu keiner Zeit Mangelware[66] in der DDR und es ist schwer nachvollziehbar, was sich in den Köpfen der Schenkenden abspulte. Einige meinten es eben zu gut. Auch Puddingpulver, Tortenguss und Maggiwürfel packte man in die Pakete. Die Nürnberger Lebkuchen nicht zu vergessen, obwohl in der DDR selbst fleißig zur Weihnachtszeit Plätzchen gebacken wurden, meinten die Onkel und Tanten im Westen, es gäbe kein Weihnachtsgebäck im Laden. Auch Fertigsuppentüten und ein süßes Kakaopulver, das sogenannte Nesquick, vergaß man nicht. Beliebt waren Südfrüchte. Da die Pakete mitunter sehr lange unterwegs waren, hütete man sich, frisches Obst wie Apfelsinen,

66 Anm.: Literaturhinweis zum Thema Mangelversorgung: Merkel, Ina: Hintergründe der Versorgungsmisere S. 38-88 in: Utopie und Bedürfnis. Die Geschichte der Konsumkultur in der DDR, Köln 1999

Mandarinen und Bananen einzupacken, stattdessen kauften die lieben Westverwandten Dosen mit Ananas, Mandarinen und Pfirsichen, aber auch Champignons. Pilze waren besonders beliebt. Stets war die Freude bei den Beschenkten groß, vor allen Dingen dann, wenn ein Päckchen völlig unerwartet eintraf und die Ware gleich als Vorratswirtschaft genutzt werden konnte. Der Dankesbrief aus Dresden aus dem Jahr 1960 weist auf die Fürsorglichkeit der Angehörigen im Westen hin.

„Ihr Lieben! Wir danken recht herzlich für das heute eingetroffene, unerwartete Päckchen mit Caro und Kakao. Nun ist unser Bedarf für einige Monate gedeckt, u. wir können nach Herzenslust Caromilch und Kakao trinken.....Eure dankbaren Dresdner."

***

Die Seife, die ich eben erwähnte, trug zum wunderbaren Duft des Paketes bei, welcher sich beim Öffnen im Raum verbreitete. Wer kennt ihn nicht, den angenehmen Duft, der auch beim Betreten des Intershops sofort wahrzunehmen war. Aus welchen Komponenten sich diese Duftmischung genau zusammensetzte, ist heute nicht mehr nachvollziehbar. Jedenfalls wartete man voller Ungeduld auf das Öffnen der Pakete, welches fast einem Zeremoniell gleich kam. Die ganze Familie versammelte sich um den Wohnzimmertisch, und wartete voller Ungeduld auf die Gaben.

Manchmal gab es auch Überraschungen, denn es kamen Dinge zum Vorschein, mit denen die Verwandten gar nicht gerechnet hatten. Das waren Filzstifte, Ausmalhefte, Puzzle und Spielzeug für die lieben Kleinen, Waschpulver, Strumpfhosen, und Deospray für die Hausfrau, sowie Strümpfe, Hemden und Rasierzeugs für den Ehemann.

***

Kaffee

Kaffee im Päckchen zu schicken gehörte zum alljährlichen Weihnachtsritual – zumindest für diejenigen, welche privilegiert waren, weil sie Westverwandte oder Bekannte hatten. Kaffee kostete in der DDR viel Geld und die Qualität war auch nicht die Beste, so dass die Freude über die milde Gabe recht groß war. Manchmal gab es den Jacobskaffee oder auch andere Sorten zwischendurch. Besonders vor Ostern erhielt so mancher DDR-Bürger ein kleines Paket mit dem duftenden Inhalt. Dankesbriefe mit geschwollenen Worten über den vorzüglichen Kaffee sandte man an die Gönner.

Einige Menschen lernten westdeutsche Bürger im Ausland kennen, zum Beispiel in Ungarn, und blieben in freundschaftlicher Verbindung. Neben dem brieflichen Kontakt wurde zur Osterzeit und vor allem zur Weihnachtszeit auch ab und zu mal ein Paket an die Freunde in der DDR geschickt.
Bedankt wurde sich stets überschwänglich. Man konnte sich nur bedingt revanchieren, dafür bekamen die westdeutschen Bekannten liebe Grüße aus dem östlichen Teil Deutschlands.

Im März 1986 schrieb eine Familie aus Schwerin an ihre Freunde in Westdeutschland – wohin bleibt unbekannt, weil die Ansichtskarte im Brief verschickt wurde, auch aus dem Grund, dass nicht jeder den Text lesen sollte.

„Liebe Fr. M.!
Am 21.3. erhielten wir Ihr Päckchen mit Kaffee und Schokolade. Sie haben uns eine große Freude gemacht und wir danken Ihnen herzlich. Noch war der Weihnachtskaffee nicht ver-

braucht, wir trinken auch nur morgens. Zu Ostern werden sicher meine Schwiegereltern kommen....."

Kaffee war in der DDR ein Luxusprodukt und dementsprechend teuer. Wie im Text beschrieben, teilte man sich den Kaffee gut ein, damit er möglichst lange vorhielt. Ob das Aroma dann noch die Frische enthielt, wie erwünscht, ist fraglich. Jeden Tag Kaffee zu trinken – am besten früh, mittags und nachmittags – war nur wenigen Menschen vergönnt. Die Freiberger Porzellanmanufaktur stellte Kaffeetassen in etwas kleinerer Form her. In eine Kaffeekanne passten bei einer Normalgröße etwa 10 Tassen Kaffee. Durch das neue Design passten bestimmt 14 Tassen Kaffee in die Kanne und die Zuteilung von nur einer Tasse Kaffee entfiel. Das nannte man Effektivität. Ob die teuren Kaffeekosten der alleinige Grund für das neuartige Design gewesen ist, kann nicht mit Bestimmtheit behauptet werden. Vielleicht zählte auch nur die Formschönheit.

***

Auf einer Karte wird bereits über die Kaffeegewohnheiten philosophiert, ehe der Kaffee im Päckchen abgeschickt wurde. Eine ältere Frau befand sich anscheinend auf Kur in Bad Schandau, wobei sie noch keine großartigen Kurerfolge zu verzeichnen hat, denn sie schrieb ihrer Westbekanntschaft:

„...*Ich kann z. Z. ganz schlecht laufen, habe solche Schmerzen im rechten Bein. Habe schon Bäder bekommen, bis jetzt hat es aber noch nicht geholfen, na mal sehen was wird. Nun lieber Herr R. schreiben Sie, daß Sie uns ein Päckchen senden wollen, das ist ja sehr lieb von Ihnen, wenn Sie mir bißchen Kaffee schicken wollen, dann kann es schon der Herzstärkende sein, es braucht kein coffeinfreier zu sein. Es ist eine Leidenschaft, wir Sachsen trinken eben gern Kaffee. Ich will aber durchaus keine Ansprüche stellen."*

„Kaffee am Morgen, am Nachmittag und beliebig zwischendurch – so halten es viele Menschen, nicht nur in Sachsen. Kaffee, Kuchen, Konditorei, Kultur und König – darauf lassen die Sachsen nichts kommen. Das ist natürlich nicht ganz ernst zu nehmen. Aber die Tradition besteht seit ca. 1700, erst im Kurfürstentum Sachsen, später in anderen politischen Systemen, in der DDR-Zeit und heute im Freistaat. Kaffeesachsen und Bliemchenkaffee sind bekannte Begriffe."[67]

***

Im nächsten Beispiel hat der Empfänger des Westpäckchen dieses gleich selbst beim Westbesuch in Hannover gepackt. Leider dauerte die Beförderung fast drei Wochen, da es sehr genau kontrolliert wurde.

„Heute kam das Päckchen, das ich in Hannover am 18.10. abgeschickt hatte. Sein Inhalt bestand aus 10 Tafeln Schokolade u. einem Pfund Kaffee. Dieses Päckchen war kontrolliert worden, die Kaffeetüten und alle zehn Schokoladentafeln waren aufgerissen."[68]

***

Die Mutter der Autorin berichtete in einem Brief vom 20. März 1969 an die Schwiegereltern:

---

67 Anm.: Referat (2022): „Meißner Porzellan und Kaffeegenuss" v. C. Stosik; Kaffeegeschirr wird meist mit Blümchendekor verziert, daher der sächsische Ausdruck „Bliemchen".

68 Brief v. 30.10.1972 v. P. Hüfner in Groitzsch an H. Hüfner in Dresden

„...Aus München haben wir zwei Päckchen erhalten, da ist der Kaffee für Ostern wieder gesichert. Es macht schon was aus, wenn man zu den größeren Festlichkeiten wie Weihnachten und Ostern keinen Kaffee und Schokolade kaufen braucht. Ich glaube, drüben würde unsere Claudia schneller wieder zu Kräften kommen, schon wegen der Bananen.“

***

Über Kaffeepäckchen in die DDR könnte man ganze Bücher füllen, es sollen noch weitere Beispiele genannt werden. Für die DDR-Bürger spielte der Kaffee aus bekannten Gründen eine große Rolle, daher teilten einige Leute ihre Wünsche den Verwandten ganz direkt mit. Ich hätte mir das nie getraut, aber die Hemmschwelle war bei einigen Menschen sehr gering wie das nächste Briefbeispiel aus Niedersachsen. aufzeigt:

„7.2.1980
Euren Brief vom 12.1.80 haben wir schon beantwortet. Wir haben gestern an Euch 1 Päckchen mit Kaffee und Schokolade abgeschickt. Wie Du uns mal geschrieben hast, ist Kaffee immer willkommen. Auch wir können auf Kaffee nicht verzichten, vor allem Leni wegen ihres zu niedrigen Blutdrucks.“

Anscheinend wird es als Selbstverständlichkeit angesehen, dass die Westdeutschen die Ostdeutschen mit Kaffee versorgen. So klingt es zumindest in diesem Beispiel.

***

Entgegen seiner Gewohnheit bat mein Vater im Juli 1975 aus einem bestimmten Grund seinen Bruder im Westen um einen Gefallen. Er schrieb einen Bittbrief.

Man kann aus dem Inhalt schließen, dass eine „Kaffeewährung“ als „Zweitwährung“ existierte. Der Kaffee hatte daher viele Funktionen[69] – als Trinkgenuss, als Durstlöscher, als Tauschobjekt, als Zahlungsmittel, als Geschenk und, zumindest in den Anfangsjahren beider deutscher Staaten, als Schmuggelware. Mit Geld allein erreichte man nicht immer das Gewünschte.

Dresden, 07. 07. 75

Am vergangenen Wochenende war ich in Groitzsch. Bei dieser Gelegenheit wurde natürlich auch über die bevorstehenden Festlichkeiten zur Goldenen Hochzeit gesprochen. Wie alles vonstatten gehen soll, werdet Ihr sicher bereits von den Eltern erfahren haben. Ich wende mich vor allem in folgender Angelegenheit noch einmal an Euch: Könntet Ihr, um den sicher beachtlichen Kaffeebedarf für die Goldene Hochzeit mit abzudecken helfen, jeder ein Pfund Kaffee mitbringen? Es geht noch weiter, ich wollte Euhc darum bitten, daß außerdem noch jeder zwei Viertelpfundpäckchen Kaffee mitbringt. Die Eltern sind auf mancherlei Gefälligkeiten von Nachbarn und Bekannten angewiesen, z. B. hinsichtlich der Übernachtungsmöglichkeiten. Eine Bezahlung mit Geld ist in diesen Fällen kaum möglich, irgendwie möchte man sich aber erkenntlich zeigen, und wir hatten gedacht, daß sich das am besten mit einem kleinen Päckchen Kaffee machen läßt. Deshalb also meine Bitte. Der Papa hätte es sicher nicht übers Herz gebracht, Euch mit diesem Anliegen zu behelligen, deswegen habe ich es übernommen, Euch zu schreiben.

Hoffen wir, daß bis zum großen Feste das Wetter so schön bleibt wie es heute war, und hoffen wir auch, daß die Eltern gesund bleiben, damit sie den immerhin beachtlichen Strapazen, die für sie mit der Feier verbunden sind, auch gewachsen sind.

Wir freuen uns auf das Wiedersehen im großen Familienkreise. Bis dahin die herzlichsten Grüße

69 Anm.: Literaturhinweis – Sigmund, Monika: Genuss als Politikum Kaffeekonsum in beiden deutschen Staaten, München 2015

Obst

Obst, besonders die begehrten Südfrüchte, gehörte in der DDR zur Mangelware. Gerade zu Weihnachten wollte man darauf nicht verzichten. Und wenn es dann doch einmal im Obst- und Gemüsegeschäft die vitaminreichen Obstsorten gab, musste sich, wer das wollte, in eine Schlange einreihen und ziemlich lange anstehen.
Ein „Mariechen" aus Thüringen schrieb Dankesworte an ihre Tante in Augsburg.

„Liebe Tante Hilde, lieber Fritz!
Gestern bereits kam Euer schönes Päckel bei mir an. Es war ja sehr reichlich beschickt und wunderschön hergerichtet. Die Ananasfrucht ist bereits im Schwinden. Ich bedanke mich bei Euch beiden Lieben aufs herzlichste."

***

Am 30. Dezember 1964 schrieben Leute aus Thüringen an ihre Westverwandtschaft folgendes:

„Ihr Lieben!
Ganz ganz herzliche Glückwünsche! Auch zum neuen Jahr! Vielen Dank auch für das letzte Obstpaket! Hier gab es auch Obst. Auf dem Weihnachtsmarkt gab es für jeden, der sich das Schlangestehen nicht verdrießen ließ, eine! Orange zu kaufen. Wir danken es vor allem Euch, wenn wir besser dran waren..."

Eine Orange zugeteilt zu bekommen, ist heute unvorstellbar. Aber selbst dafür stellten sich die Menschen bei Schnee und Kälte an, denn besser eine Apfelsine zu genießen als keine.

Diese Tatsache bestärkte die Westverwandtschaft in ihrer Vorstellung der immer noch bestehenden Mangelwirtschaft bzw. der hilfebedürftigen Ostverwandtschaft.

Aber der Brief war noch nicht beendet. Kleine Wünsche äußerte man ungern, man wollte ja nicht als Bettler dastehen, doch die Dringlichkeit war vorherrschender als die Bescheidenheit.

Weiter hieß es im Brief:
„...Lieber Günther, wenn Ihr mal wieder zu einem Päckchen kommt, würde sich Helga über Waschpulver freuen. Sonst schickt das unser Vater, er hatte im Spätherbst eine Lungenentzündung, jetzt geht es noch nicht gut. Vielleicht kannst Du für mich einen schwarzen und zwei nichtschwarze Schlipse aussortieren; ich könnte sie auch hier kaufen, würde mir aber komisch dabei vorkommen. Wir haben jetzt Schnee und viel Raureif und immer viel Arbeit. Aufenthaltsgenehmigungen gibt es jetzt leichter!!! Viele herzliche Grüße Euer Jürgen, Heidi samt Kindlein"

***

Es gab auch Leute, die meinten, vom Betteln halten sie nicht viel, taten es aber ungeniert.

Im Juni 1982 schrieb eine Familie bzw. die Ehefrau an Verwandte – wohin ist unklar – , weil die Postkarte als Brief verschickt wurde.

„Liebe Leni, ich habe einmal eine Bitte. Du weißt von betteln halt ich nicht viel, kannst du einmal Niveacreme mit schicken. Wieviel ist egal...."[70]

***

70 Anm.: Der Ausdruck ist nicht der beste, Fehler sind auch vorhanden.

Weihnachtspakete von der Familie

Die Hochzeit des Paketversands war ohne Zweifel die Weihnachtszeit. Ein Verwandter berichtete in einem Brief vom Dezember 1978 über die viele Arbeit, die ihm der Paketversand bereitete.

„Gestern habe ich ein Paket an Euch abgeschickt und hoffe, daß es gut ankommt. Das ist immer eine ganz schöne Arbeit die Pakete zu packen. Das einkaufen ist das wenigste....Bei mir zu Hause wird dann die Ware auf die einzelnen Pakete verteilt und verpackt. Dann kommt die schriftliche Arbeit. Anschriftendoppel in das Paket, Aufkleber und Paketkarte ausfüllen, das sind pro Paket sieben Adressen und wenn man den Begleitbrief noch mit rechnet, kommen noch mal zwei dazu, dann sind es neun. Ich habe sechs Pakete und ein Päckchen weggeschickt, das sind allein 60 Anschriften, eine ganz schöne Arbeit....Wenn die Pakete und der letzte Brief abgegangen sind, kommt dann eine ruhige Zeit, bis dann die Antwortbriefe kommen, wo der Eingang des Paketes gemeldet wird. Das ist dann wieder eine unruhige Zeit, wenn von Diesem oder Jenem keine Antwort kommt. Bis jetzt ist bei den vielen Paketen nur eins verschwunden, aber ich habe das von der Post auf Heller und Pfennig ersetzt bekommen, aber die ganze Arbeit war umsonst."

***

Interessantes erfuhr ich kürzlich, also im Jahr 2022, bei einem Gespräch mit einem Mensch aus den sogenannten alten Bundesländern. Er meinte, die Westdeutschen konnten damals zur Zeit des geteilten Deutschlands die Kosten für die Westpakete bis zu einer bestimmten Höhe steuerlich absetzen. Wie ich ihn verstand, war das ein nicht unerheblicher Betrag pro Jahr. Einige besonders habgierige Leute nutzten das aus, indem sie lediglich in die Pakete Ziegelsteine packten, an DDR-Adressen verschickten und die „Ausgaben“ später von der Steuer zurück erhielten.

***

Aber auch im Ostteil Deutschlands hatte der Betrug vor allem zur Weihnachtszeit Hochkonjunktur. Wie ich schon erwähnte, vervielfachte sich der Paketversand besonders in der Adventszeit. Und da kam es schon mal vor, dass Pakete gestohlen wurden, obwohl streng in den Paketpostämtern kontrolliert wurde. Das kann ich aus eigener Erfahrung berichten, denn im Jahr 1981 arbeitete ich einige Nächte als Aushilfe in einem großen Paketpostamt in Dresden.

Dresden: Paketpostamt auf der Kunathstraße in der Nähe des Hauptbahnhofs mit Gleisanschluss

Die Nachtschicht begann etwa 22 Uhr und endete 6 Uhr. Auf großen Fließbändern rutschten die Pakete mir entgegen und schnell musste reagiert werden, indem die Pakete in die jeweiligen Zustellbezirke eingeordnet werden sollten. Beim Verlassen des Geländes wurden Stichproben gemacht. Auch ich musste meine Tasche durchwühlen bzw. ausräumen lassen. Immer wieder kam es dort vor, dass Pakete verschwanden.

***

Selbst ein Eilpaket war über vierzehn Tage von München bis Sachsen unterwegs. Die Großeltern erhielten regelmäßig Pakete, manchmal mit sinnvollen Dingen, aber auch das „Übliche", wo man schon vorher wusste, wie sich der Inhalt zusammensetzt.
Im Dezember 1970 steht in einem Brief geschrieben:

„H. hat wie immer, sehr sinnvoll geschenkt, u. anderem für die Mutter eine Schürze und 2 Paar Strümpfe u. sonst noch verschiedene Kleinigkeiten über die wir uns gefreut haben. Von W. kam wieder das übliche Paket mit den Süßigkeiten."

Das Paket mit Süßigkeiten voll zu packen, ist keine besondere Leistung. Es klingt eher nach Pflichterfüllung. Da hat man sich nicht viele Gedanken gemacht, was die Großeltern gerne essen oder über was sie sich freuen könnten. Und so geschah das Jahr für Jahr!

***

Ein weiteres Beispiel aus dem Jahr 1975:

„...dann waren noch drei Pakete zum aufmachen liegen geblieben bis zur Bescherung, je eins von W., Gunter und Ina. Bei W.

waren es wieder viele Süßigkeiten. Gunter sein Paket war da schon abwechslungsreicher, aber leider war das Hemd für mich zwei Nummern zu groß u. die schöne Strickjacke für die Mutter war wieder viel zu klein. Es ist sehr schade um die schönen Sachen. Habt Ihr den Käse verwertet, der in Gunters Paket beilag, wir haben unseren letzten Endes doch noch wegschmeißen müssen, es war kein Genuß mehr."[71]

Eigentlich kann man sich nur wundern, weshalb nicht annähernd die passende Konfektionsgröße gekauft wurde. Die Statur der Eltern war doch bekannt, Gewichtsschwankungen gab es nicht. Wahrscheinlich handelte es sich bei den Anziehsachen, wie so oft, um getragene Kleidung. Da packte man ins Paket, was gerade abgelegt worden war. Wer Kleidung neu kauft, achtet garantiert auf die richtige Größe, denn wer möchte schon sein Geld umsonst ausgeben. Ein Umtausch war bei der Ost-West-Problematik meist nicht möglich. Wer weiß, wie lange das Paket mit dem Käse unterwegs war, dass er, der Käse, inzwischen ungenießbar war.

***

Der Sohn W. aus Hannover besuchte nach langer Zeit seine Heimatstadt Groitzsch und brachte für die armen Ostverwandten milde Gaben mit. (da sparte er das Porto und die Arbeit des Paketpackens.)

„Ich will Euch gleich mal aufzählen, was W. für Euch hier gelassen hat. 1½ Pfund Kaffee, 1 Dose Nesquick, 1 Flasche Rum,

71 Brief v. 15.1.1975 v. P. Hüfner in Groitzsch an H. Hüfner in Dresden

10 Tafeln Schokolade, 4 Pakete à 8 Lebkuchen u. einen Rasierapparat mit Rasierklingen“[72]

Weihnachten 1975: unten am Bildrand neben dem Stuhl ist ein Westpaket zu sehen, welches noch darauf wartet, geöffnet zu werden.

Ein paar Süßigkeiten liegen bereits auf dem Gabentisch – das wäre dann ein Lübecker Marzipanbrot[73] und eine Packung Nürnberger Oblaten.

***

72 Brief v. 7.12.1976 v. P. Hüfner in Groitzsch an H. Hüfner in Dresden

73 Anm.: Eine Nachbarin meiner Dresdner Großeltern arbeitete bei VEB Elbflorenz Dresden, einer Süßwarenfabrik, die u. a. auch die bekannten Lübecker Marzipanbrote in Dresden herstellte. Dann wurde die Ware nach Westdeutschland geliefert und im Westpaket wieder an die Verwandtschaft in der DDR geschickt. So war das!

Pakete auf Umwegen

Einige Artikel konnten nicht ohne Weiteres per Paket verschickt werden. Medikamente zu versenden war verboten. Das Risiko, dass bei Kontrolle die Waren eingezogen würden, war recht groß. Bei den antiquarischen Turnzeitschriften, wie im Kapitel „Waren von West nach Ost und umgekehrt" beschrieben, hätte man mindestens genau so verfahren sollen, wie im folgenden Fall. So hätte eine Vernichtung der wertvollen Zeitschriften vermieden werden können.

Es ist Februar 1977:

„H. hat wieder eine Packung Tabletten geschickt, die sehr teuer sind, die mir damals geholfen hatten. H. hatte diese zu G. nach Berlin [Westberlin] *geschickt u. G. ist dann nach Ostberlin rüber u. hat sie dort aufgegeben..."*[74]

In diesem Fall gab es keine Komplikationen, aber das Risiko kontrolliert zu werden, war hoch. Wie viele Male solche Aktionen stattfanden, kann ich nicht sagen. Aber auf diese Weise gelangten wertvolle Medikamente zu den Empfängern – wenn auch mit geringer Zeitverschiebung oder man gab die Medikamente jemanden mit, der in die DDR einreiste und diese Medizin als Eigenbedarf ausgab – im Fall einer Kontrolle.

***

74 Brief v. 17.2.1975 v. P. Hüfner in Groitzsch an H. Hüfner in Dresden

Kleidung

Sehr beliebt bei den Leuten in der DDR waren die Westklamotten – auch wenn es sich meist nur um gebrauchte nun ausrangierte Kleidung der lieben Verwandtschaft oder Bekanntschaft handelte. Manchmal stammte die Kleidung gar nicht direkt von den Verwandten oder Freunden, sondern die Gebenden wurden in der Kleiderkammer des DRK fündig. Was spielte das für eine Rolle? In der DDR kostete Bekleidung ziemlich viel Geld und die Auswahl war begrenzt. DDR-Bürger freuten sich über jedes Stück, wenn es sein musste, wurden Nähte geändert, Längen gekürzt oder Stoff eingesetzt. Alles war erlaubt, man war sowieso erfinderisch aus Nichts etwas her zu zaubern.

Stoffreste und Stoffe

Über jedes Stück Stoff, egal welche Farbe und Beschaffenheit, freute man sich. Die Kleidungsstücke verwendete man auch mehrfach, zum Beispiel mutierte eine abgewetzte Jeanshose zu einer kurzen Shorts. Gern nähte man aus Röcken und Hosen Umhängetaschen oder Rucksäcke. Nichts wurde verschwendet, sondern jedes Stück brauchbarer Stoff wieder neu verarbeitet.
Zum Thema Stoff schrieb jemand einen Brief ohne Datumsangabe, ebenfalls ohne Absender und Empfängeradresse. Aber es ist klar, dass diese Zeilen in Richtung Westdeutschland gesandt worden sind.

„Gerda hat sich sehr über die Stoffreste gefreut u. schon einiges davon genäht.“

Auf der selben Karte schrieb dann die Tochter Gerda noch einige Zeilen an die Freunde.

„Mutti hat viel erzählt u. wir haben tüchtig gefragt. So ist doch mal ein persönlicher Gruß zwischen uns geflogen. Wir danken für die schönen Reste. Mutti hat schon geschrieben....“

***

In der DDR stand man vor festlichen Anlässen wie Jugendweihe, Hochzeit oder runde Geburtstage vor dem Problem: Was ziehe ich an? Wo finde ich die passende Festkleidung? Und kann ich das überhaupt bezahlen?
Daher begrüßte man es, wenn die Westverwandtschaft aushalf.
Die folgende Karte, vermutlich aus den 1970er Jahren, hält eine Lösung parat.

„An Moni hatte ich etwas abgeschickt zu ihrem Fest, hoffentlich gefällt ihr der Stoff zu einem Kleid.“

***

Verschiedene Kleidung – Schuhe und Strümpfe

Meine weit verzweigte Verwandtschaft aus Lingen/Ems beglückte ihre Ostverwandten des öfteren mit Bekleidungspaketen, welche an die Großeltern der Autorin nach Groitzsch geschickt wurden. Nicht immer passte die Größe, Weite und Länge. Auch Farbe, Muster, Stil und Zweckmäßigkeit entsprachen nicht dem Geschmack oder waren nicht mehr zeitgemäß. Das spielte keine Rolle – in die Pakete packte man hinein, was nicht mehr benötigt wurde oder was man sowieso loswerden wollte.

In einem Brief vom 1. Juli 1976 schrieb die Großmutter der Autorin:

„Anbei einiges aus Lingen. Wenn das Kleid von oben aus etwas seitlich abgenäht wird, müßte es doch Claudia oder Christine passen. Gewaschen habe ich das Zeug.“

Und die Dinge, die die Beschenkten ebenfalls nicht gebrauchen konnten, wurden weiter delegiert, wie im folgenden Text beschrieben.

„Zum Päckchen möchte ich erläutern, daß die Strümpfe von Lingen sind, auch der rote Rock. Ich weiß, daß er Euren Mädchen nicht mehr paßt, aber Dagmar hat ja Arbeitskollegen mit Kindern, vielleicht kann sie ihn da verkaufen. Die weißen Sandaletten habe ich für Erdbeeren gekriegt. Da sie mir nicht passen, sind zu schmal, nehme ich an, daß sie Claudia tragen kann. Hoffentlich könnt Ihr alles verwerten, es wäre schade, wenn das Zeug rumliegt.“[75]

Ein großes Übel stellten die (ab)getragenen Schuhe dar. Die Eltern waren froh, wenn sie das Geld für neue Schuhe sparen konnten. Was es für die Füße bedeutete, vor allem während der Wachstumsphase, wurde nicht hinterfragt. Die Konsequenzen trage ich heute. Was damals gespart wurde, muss ich heute draufzahlen.

***

Und wenn alles nicht so richtig „passte“, sei es größenmäßig, unmodern, unpassender Stil und was weiß ich noch, kam nur noch der Altkleidercontainer oder wie im folgenden Text beschriebener Vorschlag in Frage. Der nette Mensch bedachte seine Angehörige im Jahr 1966 mit Kleidung, wobei er nicht ein-

75 Brief v. 9.7.1977 v. J. Hüfner in Groitzsch an H. Hüfner in Dresden

schätzen konnte, ob diese noch angemessen sei. Er schrieb aus Dinslaken nach Sachsen.

„Liebe Elsi!
Ich hatte gedacht die Sachen kannst du anziehen, wenn eben nicht mache den Lumpensack auf und [hi]*nein damit."*

Ja, beim Altstoffhändler in der DDR konnten auch Lumpen abgegeben werden. Aber meistens verwerteten die Leute alles was an Stoff, Taschen, Knöpfen, Reißverschlüssen u.a. noch irgendwie in Ordnung war.

***

Im Jahr 1976 schrieb eine junge Frau aus Thüringen an ihre Tante nach Westberlin und bedankte sich für ein Paket.

„Liebe Tante Anni!
Heute möchte ich mich für die Strickjacke und die anderen Kleinigkeiten bedanken. Die Jacke paßt mir gut und gefallen tut sie mir noch besser. Ich verweile zur Zeit im Thüringer Wald. Nun möchte ich schließen. Sei ganz lieb gegrüßt von L."

Ob ihr die Jacke nun wirklich so gut gefallen hat, sei dahin gestellt. Man freute sich über Bekleidung, auch unter dem Aspekt der Kostenersparnis. Die Preise für Pullover und dergleichen bewegten sich im höheren Preisniveau. Viele Frauen strickten sich die Pullover, Westen, Mützen und Jacken selbst, wobei die Wolle auch nicht sehr preiswert war, aber insgesamt etwas günstiger als ein neu gekaufter Pullover.

***

Man wollte den lieben Freunden im Osten nicht nur fertige Kleidungsstücke zukommen lassen, sondern auch nach Maß angefertigte, in diesem Beispiel einen handgefertigten Pullover, schenken. Im August 1969 fragte die Westtante nach dem Geburtstagswunsch und hatte dabei schon eine Idee.

„Liebe Ingrid, von Dir hätte ich gern gewußt, was Du gern möchtest. Ich wollte Dir auch einen Pullover stricken lassen, wenn Du willst? Bitte gebe mir Bescheid, welche Farbe, dick oder dünner, mit oder ohne Ärmel, dazu welche Größe. Es soll doch ein Geburtstagsgeschenk werden."

***

Nicht nur die Verwandten durchstöberten von Zeit zu Zeit ihre Wäscheschränke, um altmodische Kleidung auszusortieren, sondern auch Freunde oder Urlaubsbekanntschaften schickten Päckchen mit den ausrangierten Sachen. Im nächsten Text bedankt sich die Familie höflich für das Paket:

„Liebe Familie M.!
Nun kann ich berichten, daß ich Ihr Paket am 22.7. erhalten habe, recht herzlichen Dank dafür. Leider ist der Mantel zu groß für mich, es ist schade u. ich danke für die Sachen, vor allen Dingen. Danke für Ihre Mühe u. Arbeit, die damit verbunden ist. Habe mich riesig gefreut und gejubelt, als ich den herrlichen Kaffee sah, sogar 2x. Die schöne Dose Kaffee bleibt für den Geburtstag..."

Der Kaffee war anscheinend mehr wert als der Mantel!

***

Rechtzeitig vor dem Winterbeginn 1972 wurde ein Mantel für die Oma abgeschickt. Eine Enkelin besuchte kürzlich ihre Großmutter im Osten. Nach ihrer gut verlaufenen Rückkehr nach Bayern, trotz strenger Passkontrolle im Zug, schrieb sie sofort an die Oma einen Brief.

„Ich habe heute das Paket mit dem Wintermantel für Dich fertig gemacht. Es geht in der kommenden Woche per Eilboten an Dich ab. Es enthält auch einige Lebensmittel. Für das nächste Paket schicke uns bitte bald einen Wunschzettel! Hast Du in Bezug für Konserven besondere Wünsche? Sollen wir bald Apfelsinen schicken?"

Das klingt deutlich nach Versorgung und um die Sorge, ob die Oma auch genügend zu essen hat.[76]

***

Aus Altenburg in Thüringen bedankte sich ein Herr bei einer Familie in München ganz herzlich für ein Kleidungsstück, welches ihm wohl sehr gut gefiel.

„Ein herzlicher Gruß von hier sendet Ihnen... Bin gut wieder hier angekommen. Möchte mich nochmals ganz herzlich für die schöne Weste bedanken, ist sehr schön warm, habe sie schon oft getragen. Mir hat es sehr gut in München gefallen, alle waren sehr lieb zu mir, so das man gern daran denkt. Noch mal vielen Dank."

Man könnte noch über unzählige Beispiele von Bekleidungspaketen berichten.

***

76 Anm.: Literaturhinweis: Dietsch, Ina: Grenzen überschreiben, S. 134 ff.

Lederjacken

Lederjacken gehörten in der DDR zu den Luxusartikeln. Falls überhaupt welche in den Exquisitläden angeboten wurden, kosteten diese viel Geld und das war für die meisten Menschen nicht erschwinglich. Aber wozu hatte man die Westverwandtschaft?

Im Oktober 1972 erhielt eine Tante Betty in Hessen eine Karte mit Dankesworten.

„Liebe Tante Betty!
Haben Deinen lieben Brief erhalten. Bei uns ging auch alles drunter und drüber. Mutti ist jetzt zur Kur, sie wird Dir von da auch schreiben. Die Lederjacke passt mir wie angegossen, gefällt mir sehr gut. Hab recht schönen Dank für alles....“

***

Jedoch passte eine Lederjacke nicht immer wie „angegossen“ oder gefiel nicht, weil sie nicht mehr dem modischen Trend entsprach. Aber auch da offerierte sich manchmal eine gute Lösung. Folgende Episode erlebte die Autorin Anfang der 1980er Jahre.

Ein weiteres Beispiel komplettiert den erfolgreichen als auch unerwarteten Verkauf eines Lederwarenartikels.

„Mein damaliger Freund erhielt von Zeit zu Zeit Pakete von einer Großtante aus Bayern, welche die aussortierte Bekleidung ihrer Verwandtschaft schickte. Manches konnte man gebrauchen, anderes nicht. Zu den Nicht verwertbaren Kleidungsstücken zählte eine schwarze altmodische Motorradlederjacke. Wir haben das gute Teil vertrauensvoll in Kommission gegeben und hofften, dass es irgendwann irgendjemand kaufen würde. Zu unserem Erstaunen erhielten wir nach einiger Zeit 850 Mark, dabei hat der Verkäufer sicherlich auch nicht unerheblich daran verdient. Das war eine große Überraschung.“[77]

***

77 Stosik, Claudia (Hg.): Über die DDR: Die Versorgung, der Handel, der Mangel, die Schlangen und anderes, S. 46

Anzug aus englischem Tuch

Auch weiter entfernte Verwandte, in diesem Fall aus Köln, schickten oft Bekleidungspakete an die Großeltern der Autorin. Ein besonders feiner Anzug wurde nicht mehr benötigt und nun musste ein Abnehmer gefunden werden. In mehreren Briefen wurde darüber berichtet.

Groitzsch, den 27. November 1967:

„Den inliegenden Anzug habe ich von H. aus Köln geschickt bekommen, den ihr Mann fast nicht getragen hat. Er hat diesen Anzug aus Anlaß eines Jubiläums bekommen u. paßt ihm nicht mehr. Es ist außerdem ein sehr feiner Stoff. Mir ist dieser Anzug zu weit, ich könnte ihn ja etwas abändern lassen, wenn Hans dieser Anzug passen würde, wäre das uns lieber, denn Hans ist ja deutlich kräftiger als ich, die Hose wird vielleicht zu lang sein. Wir würden uns sehr freuen, wenn Hans diesen Anzug verwenden könnte.[78]

Als Antwort schrieb die Dresdner Schwiegertochter:

„Jetzt habe ich doch ganz vergessen, mich an Hans seiner Stelle für den Anzug zu bedanken, daß heißt erst einmal vorläufig. Hans ist der Anzug auch zu groß. Wir denken aber, daß sich eine Änderung lohnen würde, denn es ist ein wunderbarer Stoff. Wir würden da auch etwas anlegen, denn zu so einen Anzug kommt Hans sonst nie in seinem Leben, feinstes englisches Tuch steht drin. Sollte nichts zu machen sein, schicken wir Euch den Anzug wieder, es wäre aber sehr schade.“[79]

---

78 Brief v. 27.11.1967 von P. Hüfner an H. Hüfner in Dresden

79 Brief v. 5.12.1967 von D. Hüfner an P. Hüfner in Groitzsch

Da wurde nun ein Kleidungsstück hin- und hergeschickt. Man könnte es auch als Almosen bezeichnen und ablehnen. Doch das tat man nicht, denn die Kleidung kostete in der DDR viel Geld und wenn man etwas geschenkt bekam, sagte man nicht nein. Oder wie das Sprichwort heißt:

Einem geschenkten Gaul guckt man nicht ins Maul.

Wie schon erwähnt, wurden dann so lange potenzielle Käufer oder Abnehmer gesucht bis man Erfolg hatte. Auch ein An- und Verkauf wie bei der eben genannten Motorradlederjackengeschichte kam als Alternative in Frage, wo nicht benötigte, allerdings hochwertige Bekleidung und andere Dinge, in Kommission entgegengenommen worden. Mit etwas Glück verkaufte der Händler das gute Teil und alle Beteiligten waren zufrieden.

Aber die Geschichte war noch nicht zu Ende, denn im Brief der Kölner Verwandten nach Dresden wurde folgender Vorschlag gemacht:

„L. schrieb uns, daß wir den Anzug nach Frankenberg schicken sollen. Ich bin froh, daß sich das Problem auf diese Weise löst. Wir werden am Wochenende ein Paket zurechtmachen.“[80]

In Frankenberg/Sachsen wohnten Verwandte der Kölner Cousine, die wir allerdings nicht persönlich kannten.

***

80 Brief v. 21.12.1967 von H. Hüfner an seine Eltern in Groitzsch

Die Kalendergeschichte

Am 19. Februar 1963 schrieb ein Verwandter an meine Eltern in Dresden einen langen Brief. Aus dem Brief ist zu entnehmen, dass es im besagten Winter im sogenannten „goldenen Westen" auch Energieprobleme gegeben hatte.

„Heizölschwierigkeiten hat es hier aber auch gegeben, ich habe dann teures Dieselöl kaufen müssen. Die Sparmaßnahmen haben ja erst später angefangen...."

Nun zur Kalendergeschichte:

„Ich werdet nun oder auch nicht, in den nächsten Tagen ein Paket erhalten, da ist weiter nichts drin als ein Kalender. Ich habe nämlich Neujahr, in ein Paket nach Hause, einen Kalender vom Gärtner Pötschke mit hineingelegt. Der ist aber bei der Kontrolle entwendet worden. Ich habe dann nochmals einen geschickt, der ist gar nicht erst angekommen. Er kostet nur 2 DM, so will ich es ein letztes Mal versuchen und zwar über Euch. Wenn der Kalender also ankommen sollte, abgeschickt ist er, so möchte ich Euch bitten, ihn den Eltern weiterzureichen. Beim dritten Mal klappt es vielleicht."[81]

Wahrscheinlich ist auch dieser Kalender nicht in der DDR angekommen, sonst hätte der Verwandte nicht in einem Brief vom 27. April 1963 als „P.S." vermerkt:

„Den Kalender an Papa habe ich zerlegt und sende ihn nun nach und nach im Brief."[82]

81 Brief v. 19.2.1963 v. H. Hüfner aus Bayern an H. Hüfner in Dresden
82 Ebd. Brief v. 27.4.1963

Die einzelnen Kalenderblätter werden sicherlich angekommen sein. Jedoch schwebt die berechtigte Frage im Raum, aus welchen Gründen die DDR-Zollbehörden einen Gartenwandkalender mit Blumen- und Gemüsemotiven, vielleicht auch Anleitung zum Gärtnern, verschwinden lassen hat.

> „Wandkalender aus dem Westen wurden deshalb konfisziert, weil sie den einen oder anderen in der DDR nicht anerkannten Feier- und Gedenktag vermerkten, etwa den Jahrestag des Aufstands vom 17. Juni 1953.“[83]

Daraus kann man entnehmen, welches Misstrauen gegenüber den eigenen Bürgern herrschte.

***

Im nächsten Kapitel wird ebenfalls über verschwundene Pakete berichtet.

Aber es verschwand nicht immer das gesamte Paket, in einigen Fällen bediente sich die Zollverwaltung an harmlosen Schokoladenbildern – allerdings mit beliebten Sportmotiven.

„Von W. kam am Dienstag noch ein Geburtstagspaket an, u. a. waren sechs Tafeln Schokolade drinnen, da waren dabei auch zwei Sprengelschokoladentafeln in denen bekanntlich Olympiabilder beiliegen, diese zwei Tafeln waren aufgerissen u. die Bilder herausgenommen, die anderen vier Tafeln waren nicht geöffnet. Natürlich habe ich über diese Schweinerei eine Schimpfkanonade losgelassen.“[84]

---

83 Kabus, Petra (2009): Das Westpaket, in: Erinnerungsorte der DDR, Hrsg. v. Martin Sabrow, S. 449

84 Brief v. 3.8.1973 v. P. Hüfner in Groitzsch an H. Hüfner in Dresden

Bei der Kontrolle[85] der Pakete betrieb die Zollverwaltung einen riesigen Aufwand. Oft schickte diese Behörde die Pakete an den Absender zurück, wie das folgende Beispiel aus dem Jahr 1973 zeigt.

„Liebe Ella! Heute kamen Deine lieben Zeilen vom 7.1. hier bei uns an. Mit gleicher Post kam das an die Schüler Ralf und Frank gesandte Paket, wie auch von Euch geahnt „wegen nicht Einhaltung der Geschenkverordnung“ an uns zurück. Schade, daß alles umsonst war.“

Aber manchmal verschwanden sie, die Pakete, für immer von der Bildfläche.

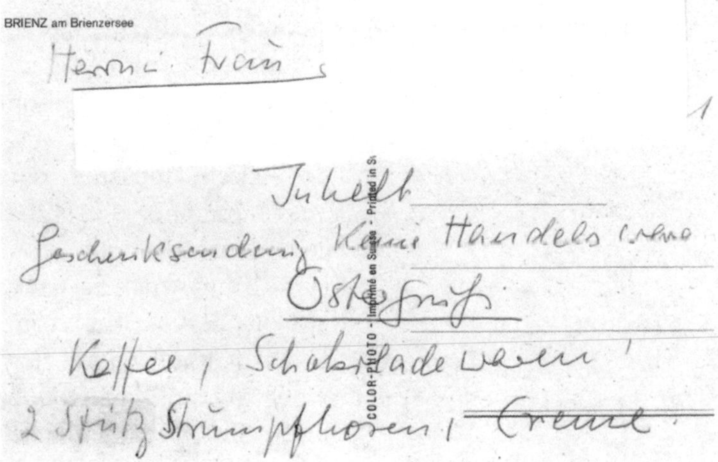

***

85 Anm.: Literaturhinweis zum Thema Paketkontrolle: Soch, Konstanze (2018): Eine große Freude? Der innerdeutsche Paketverkehr im Kalten Krieg (1949-1989), S. 177 f.

Verschwundene Pakete

„Unser Weihnachtspaket von H. ist nun endgültig von der Bildfläche verschwunden, jetzt hatte uns H. noch ein Paket geschickt, das hat er auch wieder zurückbekommen, man kann bald sagen, daß H. Pakete garantiert wieder zu ihm zurückgehen, die Bücher alle, die von drüben geschickt werden, sind nicht im Interesse unserer sozialistischen Republik, so wurde mir von der Zollverwaltung mitgeteilt.[86]

Um welche Bücher es sich hierbei handelte, ist nicht bekannt, doch meistens waren es Bildbände von Städten und Landschaften Deutschlands oder besonderen Kulturstätten der Welt gewesen. Die Pakete wurden mit „Geschenksendung keine Handelsware“ versehen. Seitens des DDR-Staates existierte eine gewisse Verordnung und die Einhaltung dieser Verordnung wurde strengstens durch die Staatssicherheit und dem Zoll kontrolliert.

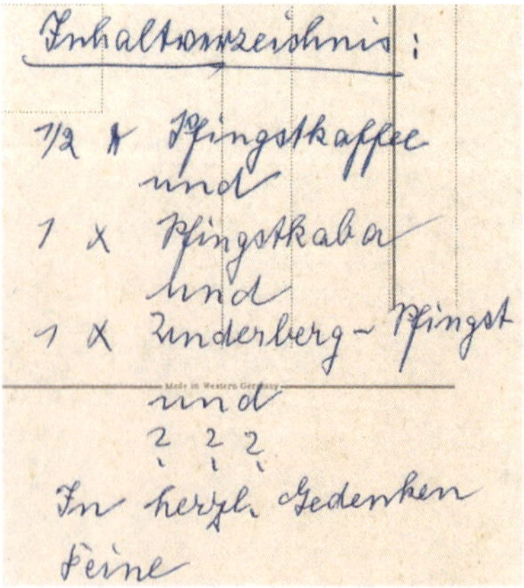

Die Pakete mussten ein Inhaltsverzeichnis enthalten. Nach dem „Röntgen“ des Paketes öffnete man je nach Bedarf das Paket. Im vorhergehenden Kapitel wurde der Kalender zweimal entwendet, in diesem Fall wie oben beschrieben, wurde das erste Buch ebenfalls einbehalten bzw. das gesamte Paket.

◀ *Inhaltsverzeichnis v. 1976*

86 Brief v. 29.3.1972 v. P. Hüfner in Groitzsch an H. Hüfner in Dresden

Genau dieselbe Erfahrung machte ein anderer Bruder meines Vaters, indem er einen Bildband von Hannover schickte, aber der Unterschied bestand darin, dass das zweite Paket doch noch in Dresden in Empfang genommen werden konnte. Die Empfänger mussten diese Verluste hinnehmen. Seitens des Staates DDR gab es keinerlei Kommentar zum Geschehen. Man konnte ja auch nichts beweisen, obwohl die Versender ja einen Einlieferungsnachweis vorlegen konnten. Die Ausgaben ersetzte man, aber trotzdem war es eine ärgerliche Angelegenheit. Auch ich war davon betroffen, welches Geschenk nun der ausschlaggebende Grund für die Beschlagnahme des Paketes war, konnte nie in Erfahrung gebracht werden.

***

Wenige Wochen später, im April 1972 wird das Paketthema noch einmal ausführlich erörtert:

„Ich bin nun bloß gespannt, ob H. endlich einmal das Glück hat, daß ein Paket von ihm zu uns ankommt. Das geht nun schon seit meinem Geburtstag im vergangenen Jahr, seit dieser Zeit ist von H. kein Paket zu uns durchgegangen, das Geburtstagspaket ging zurück, das Weihnachtspaket ist völlig verschwunden u. jetzt ist wieder ein Paket an uns unterwegs, welches H. schon zweimal zurückbekommen hat, er hat es nun schon das dritte Mal auf den Weg gebracht, wir lauern nun darauf, vielleicht kommt von H. ein Brief, daß er dieses Paket zum dritten Male zurückbekommen hat. In dem Paket, das er zum zweiten Male zurückbekam, waren 50 gr Kaffee zuviel drinnen. Es ist doch schade um das viele Porto, welches dann

mehr beträgt, als was der Inhalt des Paketes kostet. Und wenn man sich beschwert, bekommt man niemals recht.“[87]

Bis zum Jahr 1976 gab es Höchstgrenzen für den Kaffeeversand. Danach fielen diese Beschränkungen für Kaffee, Schokolade und andere Genussmittel. Und das hatte seinen guten Grund:

> „Auf dem Höhepunkt der Kaffeekrise 1977 etwa konnte die DDR nicht noch mehr Valuta für diesen Luxusartikel ausgeben, und binnen eines Jahres fielen alle Einfuhrbeschränkungen.“ [88]

Überhaupt durften die Pakete in den ersten Jahren nur 7 Kilogramm schwer sein, später hat man das Höchstgewicht auf 20 Kilogramm hoch gesetzt. Zunehmend erfüllten die Westpakete einen wichtigen Wirtschaftsfaktor. Man rechnete damit, dass ein großer Teil der Bevölkerung mit Kaffee, Kakao und Schokolade aus dem Westen versorgt wurde. Das konnte ja nur von Vorteil sein, da die heimische Industrie Schwierigkeiten hatte, die Bevölkerung ausreichend mit diesen Luxuswaren zu versorgen.

***

87 Brief v. 13.4.1972 v. P. Hüfner in Groitzsch an H. Hüfner in Dresden

88 Kabus, Petra (2009): Das Westpaket, in: Erinnerungsorte der DDR, Hrsg. v. Martin Sabrow, S. 443

Wünsche

Einige Menschen schrieben an ihre Tanten, Omas oder sonstige Verwandte im Westen ganz ungeniert ihre Wünsche.

Im Oktober 1967 schickte ein Opa aus der Oberlausitz aus dem schönen Ort Großschönau eine Karte an seine Lieben in Bayern.

„Am 4.10.67
Ihr Lieben Alle!
Ich war mal 3 Tage hier. Möchte noch eine besondere Bitte an Dich liebe Gudrun richten. Hätte einen großen Wunsch für ein Geburtstagsgeschenk für mich, u. zwar ein Feuerzeug wie Heinz auch eins hat, meins streikt sehr oft, u. eine Flasche Brennstoff „Schell“ in den Igelittfl. Sonst weiter nichts. Hier

ist das Wetter noch sehr schön, habe auch ganz schön „Schwammerl" gefunden. Nun die herzlichsten Grüße Euer Opa"

***

In den 1950er Jahren schrieb ein Kind aus Dresden an einen Verwandten in Dortmund. Als Ansichtskarte verwendete es eine Ansicht vor der Zerstörung Dresdens. Wer sich in Dresden auskennt, weiß, dass sich die Absenderadresse „An der Dreikönigskirche", zentral in Dresden-Neustadt befindet. Teilweise wurde die Gegend um die Dreikönigskirche während des Bombenangriffs am 13./14. Februar 1945 verschont, so dass noch etliche Häuser aus der Barockzeit erhalten geblieben sind.

Dresden-Neustadt Palaisplatz: im Hintergrund die Dreikönigskirche barocke Häuser von etwa 1700.

Das Mädchen schrieb einen Text, wobei man nicht deuten kann, um was für eine Sache es sich im Päckchen handelte:

„Habe mit Freude dein liebes Päckchen bekommen, denn ich fahre ja oft nach Jena. Wenn du mir manchmal noch so etwas schicken kannst, so wäre ich sehr glücklich. Aber nur wenn du es manchmal übrig hast. Gruß…“

***

Im Jahr 1982 sandte eine Frau eine bunte Ansichtskarte aus Ulm an eine Frau in Thüringen, wobei sie das gewünschte Paket ankündigte.

„Liebe Hanne,
den von Dir gewünschten Kaffee nebst Beilagen haben wir in dieser Woche, auf 2 Sendungen verteilt, an Dich abgeschickt. Gestern haben wir außerdem an Reni ein Päckchen mit Kaffee, Kettchenverschluß, Schokolade u. a. geschickt. Ansonsten im Westen nichts neues. Herzliche Grüße“

***

Eine Person aus dem tiefsten Westen hegte auch Wünsche und teilte diese ihrer Angehörigen in der DDR mit. Meistens lehnten die Leute im Westen Geschenkpakete ab, aber es gab eben auch Ausnahmen! Die Dame wusste ziemlich genau, was sie wollte.

„Heute früh habe ich einen Brief in den Kasten gesteckt, als ich mittags heim kam, war Dein lieber Brief da. Wenn ich mir was wünschen darf, hätt ich gern hübsches Briefpapier! Und

Soßenkuchen (für Linsen) vergiß es bitte nicht! Oder das dehnbare [unleserlich ?], *die sind so prima u. sehr gern gesehen!*

***

Aber auch innerhalb der DDR half man sich mit Lebensmittel und anderen Dingen aus, die am jeweiligen Ort gerade nicht vorrätig waren. Im Oktober 1989 schrieben Eltern aus einer Kleinstadt in Mecklenburg an ihre Kinder eine Ansichtskarte.

„Euren Brief haben wir dankend erhalten. Auch für die Briefmarken. Wenn Ihr mal was schickt, hätte Pappa gern Fischdosen. Aber mit Tomate. Reiniger haben wir reichlich. Noch von drüben.“

***

Aber nicht alle Menschen dachten ausschließlich an die materiellen Dinge, die sie gerne hätten. Eine Karte aus Dresden vom Jahreswechsel 1981/82 erinnerte daran, dass die Verbindung zwischen Ost und West weiter bestehen bleiben möge.

„Liebe Evi!
Da Herbert heute gerade einige Bilder vom Klassentreffen geschickt hat, kann ich meine guten Wünsche für 1982 gleich noch mit einem herzlichen Dankeschön verbinden. Möge uns das neue Jahr etwas mehr Zusammengehörigkeitsgefühl und Erleichterungen, dies auch persönlich üben zu können, bescheren.“

***

Markenware

Obwohl von den jüngeren Ostdeutschen so gut wie niemand jemals im Westen eingekauft hat, kannten viele die sogenannte „Markenware“. Jeans der Marke „Levis“ oder „Wrangler“ kannte jeder in der DDR. Man meinte, es gäbe in der BRD ausschließlich Markenartikel. Wer über Westgeld verfügte, hatte die Möglichkeit, im Intershop einzukaufen, so dass man sich bezüglich der Markenprodukte[89] einigermaßen auskannte. Sie, die Marken, vermittelten ein Stück Freiheit, ein wenig Teilhabe an der großen weiten Welt. Nicht wenige wurden darum beneidet, wenn sie Jeanskleidung der namhaften Markenfirmen trugen.

Auf der folgenden Karte beantworteten die Angehörigen im Westen einen Brief ihrer Verwandten inklusive der Ankündigung der Erfüllung umfangreicher Wünsche. Die Anspruchshaltung dieser DDR-Verwandten bewegte sich auf höherem Niveau – manche Leute schrieben Wunschzettel ohne Nachzudenken. Die Wohnorte sind unbekannt, weil die Karte als Brief im November 1981 versandt wurde.

„Herzlichen Dank für Eure Geburtstagswünsche und für Eure Briefe. Die für Euer Baby gewünschten Sachen und Kaffee usw. sind bereits gepackt und gehen morgen an Euch ab. Allerdings haben wir „Plantschi“ – Babybadezusatz geschickt. Dieses Mittel ist kinderärztlich getestet und wird viel gekauft. „Penaten“ – Fabrikat ist doppelt so teuer, die lassen sich den Namen mit bezahlen.“

***

89 Anm.: Literaturhinweis: Soch, Konstanze (2018): Eine große Freude? Der innerdeutsche Paketverkehr im Kalten Krieg (1949-1989), S. 76 f.

Dankbarkeit

Dankbar waren die DDR-Bürger, das lässt sich nicht bestreiten. Dankbar über die Post, Telefonate, Päckchen und Pakete von den Verwandten im Westen. Es kam natürlich darauf an, in welcher Beziehung man zueinander stand. Sich bei entfernten Verwandten über gebrauchte Kleidung zu bedanken, wie ich es tun musste, stellte eine besondere Herausforderung dar. Man kannte die Verwandten nicht und musste trotzdem einen Dankesbrief schreiben. Das kostete einiges an Überwindung. Wie sollte man sie anreden? Oder was sollte überhaupt geschrieben werden? Man wollte nichts falsch machen und so schrieben die meisten

„Als erstes möchte ich mich für Euer Geschenk bedanken. Ich habe mich sehr darüber gefreut."

Dann folgte noch Belangloses und schon hieß es:
„Für heute möchte ich schließen."[90]

***

Manchmal wurde man gerade zu genötigt, sich für (ab)getragene Kleidung zu bedanken. Dazu kam, dass diese Kleidungsstücke Cousins und Cousinen getragen hatten, die im gleichen Alter – nämlich in den 1960er Jahren geboren – wie wir waren. Das empfand ich als Jugendliche besonders diskriminierend. Meine Großmutter erinnerte uns mit Nachdruck an das Bedanken.

90 Beide Zitate sind aus einem Brief der Autorin vom Dezember 1975 an Verwandte im Westen.

„Nur kurz: Wie Ihr wißt ist C. Mutter zu Besuch hier und zwar seid Sonnabend. C. hat einige Sachen für die Kinder mitgeschickt. Von L. eine Hose u. Strümpfe, von K. einen Rock und Halbschuhe. – das rote Kleid, es wird Claudia noch zu groß sein, hat O. organisiert, auch die herrlichen Winterstiefeln. Als Beigabe noch die Bananen und Schokolade. Es wäre nett von Euch, wenn Ihr Euch noch bei Ihr bedanken würdet, solange sie [die Mutter meiner Tante][91] *hier ist. Spätestens Sonnabend müßte die Post hier sein, da sie Dienstag nach Pfingsten wieder wegfährt. Auch an C. könntet Ihr paar Worte schreiben."*[92]

Auch für die „Beigabe" musste sich bedankt werden, obwohl es gar keine „echten" Geschenke waren. Man könnte es als Geschenk deuten, aber eine Banane zu verschenken, käme mir nicht in den Sinn. Es blieb schwierig!

***

Eine Karte aus Bad Elster im Vogtland, vielleicht aus dem Urlaub, schickte eine Familie im Sommer 1966:

---

91 Anm.: Dazu möchte ich anmerken, dass beide Frauen, also meine Tante und ihre Mutter, Vertriebene aus den deutschen Ostgebieten waren. Inzwischen sind sie zu Wohlstand gekommen und „verwöhnen" nun ihre „armen" Verwandten aus der Ostzone. Soviel ich hörte, brachte die Mutter getragene Kleidung von den Leuten mit, bei denen sie ihren Lebensunterhalt mit Saubermachen verdiente. Und einige dieser Kleidungsstücke wurden dann an uns, die Verwandten in der DDR weitergereicht. Und wir fühlten uns verpflichtet, uns unterwürfig zu bedanken. Das ist aus heutiger Sicht eigentlich nicht mehr nachvollziehbar.

92 Brief v. 25.5.1973 v. J. Hüfner in Groitzsch an H. Hüfner in Dresden

*„Viele Grüße aus Bad Elster sendet Euch Mutti, Vati und Sabine. Vielen Dank für die Strumpfhose und für Kaugummis. Habe mich sehr gefreut. Auch vielen Dank für die Bluse.
Mutti schreibt."*

Bad Elster im Vogtland/Sachsen: Kurhaus und Kurpark

***

Sogar aus dem Kinderferienlager schrieb ein Mädchen, um sich bei ihren Westverwandten zu bedanken. Sie befand sich im August 1959 in Thüringen in Tambach Dietharz im Ferienlager der MITROPA. Dieses Ferienlager befand sich in einer Schule.

„Liebe Tante Reni!
Vielen Dank für euren Brief habe mich sehr gefreut. Auch vielen Dank für das Geld. Danke auch vielmals für die Geburtstagswünsche. Für heute Schluß.
Es grüßt Euch Eure Marion"

In einem Brief Geld zu schicken, barg ein großes Risiko, denn oftmals durchleuchteten die Zollbediensteten die Post und entwendeten das Geld.[93] Gutgemeinte Tipps, den Geldschein in Alufolie zu wickeln, nützten nicht viel. Dieses Mädchen hatte Glück gehabt.

***

Aus einem kleinen Städtchen in Mecklenburg-Vorpommern schrieb in den späten 1970er Jahren eine Frau ihre Dankesworte nach Hessen.

„Wieder zu Haus und ganz „ohne Filzsohlen" bin ich wieder gelandet u. wenn es in meinen 4 Wänden auch sehr still ist, freue ich mich aber „gesund" meine Stuben begrüßen zu dürfen. Mein kranker Hase war eben hier u. ich plauderte über all meine Eindrücke. Nicht versäumen möchte ich's Dir und Hans für alles zu danken. Jetzt beschäftige ich mich mit meinem Staubtuch. Gruß L."

***

93 Anm.: Dazu ausführlich im Kapitel „Westgeld und verschwundene Briefe", S. 184

Ostpakete

Geschenke benötigte man nicht nur für die seltenen Besuche in Westdeutschland, sondern auch als Ostpakete im Gegenzug für die „Weihnachtspakete“ oder sonstige Anlässe. Der DDR-Bürger wollte sich für die erwiesenen Gaben auch einmal bei seinen Verwandten im westlichen Teil Deutschlands erkenntlich zeigen und man überlegte lange, welches Geschenk geeignet wäre. Besonders Weihnachten oder runde Geburtstage boten sich als geeignete Gelegenheiten an und so machte man sich Gedanken – lange Zeit schon vor dem bevorstehenden Ereignis.
Die Reise meines Vaters anlässlich einer Silberhochzeit im Jahr 1975 bereitete der gesamten Verwandtschaft einiges an Kopfzerbrechen, denn folgende Fragen tauchten auf: Was sollte man schenken? Was wird noch benötigt? Wie viel darf es kosten?

„Hat denn Hans schon etwas unternommen, wegen seiner Reise nach Niedersachsen, zum einreichen des Reisepasses wird wohl nun die Zeit da sein. Es geht uns u. bestimmt auch euch, immer schon im Kopf herum mit dem Silberhochzeitsgeschenk, wir kommen aber dazu zu keinem Entscheid, es sind ja wegen den Bestimmungen betreffs der Ausfuhr uns so ziemlich die Hände gebunden, wir würden gern einige Hundert Mark ausgeben, wenn es möglich wäre, da hatten es diese drüben bei unserer goldenen Hochzeit leichter. Es ist bloß gut, daß dieses drüben bekannt ist, wie schwer es ist für uns, wenn wir etwas schenken wollen.“[94]

Trotzdem ging die Ideenjagd weiter.

---

94 Brief v. 10.11.1975 v. P. Hüfner in Groitzsch an H. Hüfner in Dresden

Meist fiel die Wahl auf kunstgewerbliche Artikel oder Tischdecken. Auch Kerzenleuchter, Vasen, Taschen, Töpfe, Deckchen, Bücher, Briefpapier, Kalender, Schallplatten oder ein schöner Kugelschreiber gehörten zum Geschenkesortiment, sofern diese Artikel käuflich zu erwerben waren. Nicht zu vergessen, die alljährlichen Stollenpakete für das liebe Weihnachtsfest. Auch zum Osterfest schickten manche Leute Ostereier, vielleicht selbst bemalte.

„Zuerst möchten wir uns für die Ostereier bedanken, die wohlbehalten ankamen.“

Da war man aber schon mit den Ideen am Limit. Man tat das Mögliche, die folgenden Beispiele zeigen, dass sich immer eine Geschenkidee fand.

***

Aus Thüringen nach Westfalen ging im Mai 1974 ein Paket auf die Reise. Der Inhalt gab Anlass zur Freude wie auf der Karte zu lesen ist.

„Du sollst nur schnell vor Deinem Urlaub wissen, daß gestern Dein Päckchen mit den 2 hübschen Taschen ankam. Vielen herzlichen Dank! Ich habe mich sehr gefreut und sie gefallen mir gut. Ihr macht Euch!!! Aber warum gleich zwei? Nun wünsche ich Dir einen schönen Urlaub und denke daran, wir haben Telefon! – Nochmals vielen Dank.“

Es klingt gerade so, als wäre es dieses Mal ein niveauvolles Geschenk gewesen. Anders kann ich den Satz „Ihr macht Euch!!!“ nicht deuten. Wer weiß, welche DDR-Produkte schon geschickt worden sind, die vielleicht wenig oder gar keinen Anklang fanden. Hier hat die Absenderin wahrscheinlich einmal den Geschmack der Westdeutschen getroffen.

Abgesehen davon, dass die Ausgaben für einen Normalverdiener in der DDR nicht ganz unerheblich waren, sah man darüber hinweg, um sich ja auch einmal zu revanchieren. Man meinte, den Menschen in Westdeutschland eine große Freude zu bereiten. Allerdings fiel im Westen die Freude über die Ostpakete eher verhalten aus. Die Verwandtschaft hatte ein schlechtes Gewissen, da die Menschen in der DDR als „bedürftig“ galten. Das hatte sich in den Köpfen der Westdeutschen „fest gesetzt“. Sie erwarteten gar keine „Gegenleistung“. Doch Geben und Nehmen sollten im Gleichgewicht bleiben, sonst gerät die Beziehung in eine Schieflage. Und eigentlich waren wir als DDR-Bürger immer in der schlechteren Position, auch wenn das gar nicht immer stimmte. Medien und Politik vermittelten einen nicht unbedeutenden Anteil an dieser festgefahrenen Situation.

Berlin-West: eine ähnliche Ansicht wie eben beschrieben, allerdings im Januar 1986

Als Beispiel dafür steht eine Ansichtskarte aus Westberlin aus dem Jahr 1965. Das Kartenmotiv[95] zeigt das Brandenburger Tor von der westlichen Seite aus – auf der linken Seite parkt ein Reisebus und eine Touristin steht vor der Mauer. Auf der rechten Seite liest man das bekannte Schild:

Achtung! Sie verlassen nach 70 m West-Berlin.

95 Anm.: Die farbige Karte wurde wegen ungeklärter Bildrechte nicht abgebildet. Auf dem Foto oben steht „nur noch“ ACHTUNG Sie verlassen jetzt West-Berlin.

Zum Kartentext: Eine Frau schrieb diese Ansichtskarte an eine Familie im Vogtland und bedankte sich für das Geburtstagspäckchen.

„Gestern kam Euer Päckchen an will es hiermit gleich bestätigen, ist ja ein Paradestück und einmalig, sieht sehr schön aus auf seinem Platz, aber warum soviel ausgeben."

Dank – Wofür? – Das wird auf der Ansichtskarte nicht preisgegeben.

***

Aus Hessen bedankte man sich in den 1970er Jahren für ein Päckchen, welches mit viel Liebe und Mühe in Glauchau in Sachsen gepackt wurde.

„Liebe Frau N.!
Sie sollten sich um uns nicht so viel Mühe machen, wieviel hat dies schöne Päckchen mal wieder für Sie an Arbeit und Geld gekostet! Aber nun ist es hier gut angekommen. Es gefällt uns allen sehr gut und recht herzlichen Dank dafür."

Auch bei diesem Beispiel hat man den Eindruck, die Verwandten freuen sich zwar über das Päckchen, meinen aber, es wäre zu viel Geld dafür ausgegeben worden. Vielleicht will man, wenn auch unbewusst, den Status „bedürftiger Ostzonenbewohner" und „wohlhabender Westdeutscher" beibehalten. Da hat man einen Grund, die armen Leute im Osten zu bedauern. Vielleicht ist diese Einschätzung auch etwas übertrieben, aber sie drängt sich mir bei jeder gelesenen Karte dieses Inhalts auf. Die Mitteilungen gleichen sich, wenn auch verschiedene Worte verwendet wurden.

***

Handarbeiten und Kunsthandwerk

Aus den eben genannten Textbeispielen wird man nicht ganz schlau daraus, um welche Präsente es sich handelte. Auf alle Fälle müssen die Geschenke sündhaft teuer gewesen sein. Aber nicht immer musste viel Geld ausgegeben werden, denn einige begabte Hausfrauen fertigten in Handarbeit Kissenbezüge, gestickte Tischdecken, Häkeldeckchen und vieles mehr an.

Die Empfängerin eines Päckchens aus der DDR bedankte sich in den 1980er Jahren mit einer Postkarte vom schönen Rhein.

„Gestern brachte mir die Post Ihr Päckchen und Ihren lieben Brief. Ganz herzlich bedanke ich mich für den schönen Holzteller und die bezaubernde fein gestrickte Decke. Welche Arbeit steckt darin, ich kann sie nur immer wieder bewundern. Dieses Deckchen schmückt bereits das Wohnzimmer und wird mich nun täglich erfreuen. Vielen Dank auch für Ihre guten Wünsche zu Weihnachten und das Neue Jahr."

***

Zu Weihnachten 1968 schickten Familienangehörige aus Thüringen ein Paket an ihre Lieben nach München. Die Empfänger ließen sich mit dem Dankesschreiben etwas Zeit:

„Ihr Lieben! Die Zeit verfliegt! Es sind schon 10 Tage seit das Paket in unseren Händen ist. – Wir haben große Freude an dem schönen Leuchter, und sagen 1000 Dank."

***

Ein weiteres Beispiel für Textilwaren, die teilweise auch unter der Kategorie Kunstgewerbe fungierten, erzählt die folgende Ansichtskarte aus den 1980er Jahren aus einem Ort in Westfalen. Aller Wahrscheinlichkeit nach liegt der Läufer nicht auf dem Fußboden sondern befindet sich als Tischläufer auf einem Sideboard oder als Dekoware auf dem Couchtisch. Ob diese gut gemeinten Kunstgewerbeprodukte wohl immer den Geschmack der Leute getroffen haben? Kaum jemand wird ehrlich schreiben, dass ihnen die Geschenke nicht gefallen. So war das!

„Hallo Anni!
Vielen herzlichen Dank für die lieben Pakete. Alles kam heil, wenn auch amtlich geöffnet (Dresden, die Decke), an. Der Läufer ist reizend, der Baumkuchen schmeckte prima."

***

Junge Eltern sandten Urlaubsgrüße aus Wien an ihre Angehörigen nach Karl-Marx-Stadt. Sie, die Eltern, verreisten ohne ihr kleines Kind, weil es eben noch zu klein war. Auf Urlaub wollten sie trotzdem nicht verzichten.

„25.6.1964 Herzliche Urlaubsgrüße aus Österreich senden Euch [die Namen]. *Wir sind von Deggendorf bis Krems die Donau gepaddelt. Jetzt wollen wir uns Wien ansehen u. dann für 2 Tage an die Enns. Kind ist bei meinen Eltern. Ausgerechnet ehe wir abfuhren, bekam sie Ohrenschmerzen u. Fieber. Ich vermisse sie ja sehr. Aber zum Mitnehmen ist sie noch zu klein. Herzlichen Dank für die Pulloverchen. Sie sind doch neu. Warum machst Du Dir die Ausgaben? Gefreut habe ich mich aber doch. Es gefällt uns sehr gut..."*

Die jungen Eltern bedankten sich für die „Pulloverchen“. Ganz erstaunt sind sie über die Neuware, vielleicht kaufen sie selbst nur gebrauchte Kinderkleidung und haben ein schlechtes Gewissen, dass die Freunde so viel Geld für ein Kleidungsstück ausgeben. Kommentarlos sich zu bedanken, fiel ihnen nicht ein.

***

Außer den Textilien, kunstgewerblichen Gegenständen oder was auch immer als Geschenk verschickt wurde, hatten einige Leute auch andere Ideen. Neben dem beliebten Weihnachtsstollen oder Baumkuchen verpackte man Weinflaschen, selbst hergestellten Eierlikör und so manch guten Tropfen – wie das nächste Beispiel erzählt.
Nichts war unmöglich. In den 1980er Jahren schrieb eine Frau eine Ansichtskarte mit dem Motiv der „Zugspitze“ an eine Familie in der Lausitz.

„Eben erhielt ich Euer liebes Päckchen, es ist ganz prima angekommen u. ich möchte Euch von Herzen danken für den guten Tropfen!! Ist inzwischen mein kleines Päckchen bei Euch angekommen?“

Unter Tropfen kann man sich in der Fantasie vieles vorstellen, ich vermute, die Empfänger durften eine gute Flasche Wein, vielleicht einen „Meißner Wein“, genießen.

***

Praktisches für den Haushalt

Einige Leute kamen auf eine recht sonderbare Geschenkidee. Im Juli 1971 schickte eine Tante aus Thüringen an ihre Verwandten ein Päckchen mit einem praktischen Gegenstand.

„Liebe Tante Elli!
Für die wunderschöne Gießkanne, die heil gelandet ist, möchten wir uns recht herzlich bedanken. Sie paßt sehr gut in unser Blumenfenster. Du hast uns eine große Freude damit gemacht.“

Eine „Plaste“ Gießkanne im typischen DDR-Design

Diese Blumengießkannen gab es in mehreren Farben und Formen. Wahrscheinlich besaß fast jeder DDR-Bürger so ein Teil, welches heute sogar bei der Fernsehsendung „Bares für Rares“ einmal zur Versteigerung angeboten wurde.

***

Anlässe gab es genug, um der lieben Westverwandtschaft auch einmal ein Päckchen zu senden. Ein Pärchen bedankte sich bei der Tante in Erfurt für ihr Hochzeitsgeschenk.

Campanile (Turm), welcher eine Kopie vom Campanile in Venedig ist.

Eine Postkarte aus dem ehemaligen Jugoslawien diente neben den Urlaubsgrüßen gleichsam als Dankesschreiben. Als Hochzeitsgeschenk stellt man sich ein hochwertiges Präsent vor, was sowohl ein Kaffeeservice, Besteck oder wertvolle Weingläser sein könnten.

Die Ansicht zeigt Piran in Slowenien im Jahr 2017. Das Pärchen verlebte 1970 dort seinen Urlaub. Früher gehörte dieses Land zu Jugoslawien.

Aber in der DDR gehörten diese Artikel leider zu den Dingen, welche nicht immer im Geschäft angeboten wurden. Wenn ein festlicher Anlass bevorstand, musste unter Umständen monatelang nach einem passenden Geschenk Ausschau gehalten werden. Aber der Hochzeitstermin stand fest und man entschied sich für etwas Praktisches:

„Aus Jugoslawien möchten wir Dir Urlaubsgrüße übermitteln, verbunden mit einem herzlichen Dankeschön für Dein Hochzeitsgeschenk. Kaffeemütze nebst Eierwärmer sind ständig in Benutzung. Sie gefallen uns gut."

Ich musste zweimal lesen, um zu glauben, welche kuriosen Dinge da als Hochzeitsgeschenk ausgesucht wurden. Die Kaffeemütze diente wahrscheinlich bei einer Kaffeekanne, die übrigens heute fast niemand mehr benutzt, als wärmende Umhüllung. Schön sah das nicht aus. Die Eierwärmer könnten gehäkelte Kunstwerke gewesen sein. Aus Plaste, wie der Kunststoff in der DDR genannt wurde, existierten farbige nicht sehr ansehnliche Exemplare als Eierbecher. Das Pärchen erklärte zwar, dass beide Geschenke ihnen gut gefallen würden, aber überzeugend klang das nicht. Diese Dinge gehören eher unter die Kategorie Scherzartikel.

***

Überhaupt kann festgestellt werden, dass die Familien während der Zeit der Teilung durch den ständigen Kontakt in Form von Briefen, Postkarten, Telefonaten und Paketen zusammenhielten und aufeinander bezogen waren. Das traf vor allem auf diejenigen zu, die sich noch persönlich kannten. Nachwachsende Generationen hatten kaum Interesse an der DDR bzw. ihren Verwandten. Das kenne ich noch aus der eigenen Familie. Mallorca lag – gefühlt – näher als die DDR!

Mit dem Fall der Mauer und Öffnung der Grenze begann eine neue Ära, wo man sich erst einmal freudestrahlend in die Arme fiel, jedoch nach einiger Zeit der Kontakt spärlicher wurde. Man war nicht mehr aufeinander angewiesen – zumindest was das Verschicken von Lebens- und Genussmitteln betraf. Jeder ehemalige DDR-Bürger konnte ab sofort in den Laden gehen und Kaffee nach Herzenslust kaufen. Und die Stollenpakete[96] gingen auch nicht mehr auf die Reise gen Westen. Aber manch einer hatte sich so an die leckeren Weihnachtsbackwaren gewöhnt, dass er von nun ab selbst seine Stollen beim „Ostbäcker“ bestellte und natürlich selbst bezahlte.

***

96 Anm.: Siehe Kapitel „Stollenpakete nach „drüben“ auf S. 158

Briefpapier

Ein Beispiel aus der Verwandtschaft zeigt, wie sich die Freude über das unerwartete Geschenk in Grenzen hielt. Der Onkel bedankte sich höflich für das echte

„Geschoepft Buetten Koenigstein“

Briefpapier, jedoch war der sarkastische Unterton in den wenigen Zeilen des Dankschreibens nicht zu überlesen.

Im März 1978 wird der Dankesbrief von Westdeutschland nach Dresden auf die Reise geschickt.

„Ich möchte mich recht herzlich für die Glückwünsche zu meinem Geburtstag bedanken und auch für das kostbare Briefpapier, das, wie Ihr seht, wohlbehalten hier angekommen ist. Ich will es nun gleich mit einem Brief an euch ausprobieren. Leider haben wir keine Tinte und schon gar keinen Gänsekiel im Haus, so daß ich das kostbare Papier mit einem banalen Kugelschreiber entweihen muß....“

***

Außerdem wird im Brief vom 15. Dezember 1978 den Dresdner Verwandten für folgendes gedankt:

„Herzlichen Dank nun für Euer Stollenpaket und auch für die Bilder bzw. das schöne Bilderbuch für Sven....

Im nächsten Kapitel wird ausführlicher über die im Laufe der Zeit entstandene Tradition der Stollenpakete berichtet.

***

Stollenpakete nach „drüben“

Im Laufe von Jahrzehnten müssten Millionen von Weihnachtsstollen in Richtung Westen versandt worden sein, so vermute ich. In den Anfangsjahren waren es oft selbstgebackene Stollen, wobei die Zutaten meist erst einmal von West nach Ost geschickt worden sind. Die allgemeine Situation für die Beschaffung von Lebensmittel stellte eine große Herausforderung dar. Es führte mitunter zu Hamsterkäufen. Das kommt in einem Brief vom November 1961 zwischen Eltern und Sohn innerhalb der DDR deutlich zum Ausdruck.

„....Unsere Einkellerungskartoffeln haben wir, bei den 5 Zentnern hatten wir zirka 1 Zentner schlechte dabei. Wir möchten Euch einen halben Zentner schicken, schreibt doch mal schnellstens ob wir dieses machen sollen. Wir haben andere Jahre sonst nicht alle Kartoffeln genommen, dieses Jahr waren wir vorsichtig u. haben uns alle 5 Zentner geholt, wir brauchen natürlich diese nicht alle u. würden Euch gern etwas schicken. Es ist aber hier wie überall derselbe Jammer. Fleisch wird wohl auch bald eine Seltenheit werden. Das Milchgeschäft bekommt jetzt pro Tag 80 Liter weniger Milch, da werden nun erst die Kunden beliefert, die kleine Kinder haben. Bei M. im Haus wohnte eine 8köpfige Familie, die große Wäsche machen wollte. Die Frau holt 10 Pakete Seifenpulver, die sie auch bekommt, am nächsten Tag war die Polizei da, um am liebsten das Seifenpulver zu beschlagnahmen. Sogar das Salz ist äußerst knapp. Ich sehe fürs kommende Frühjahr ganz schwarz. Die Zutaten für die Stollenbäckerei sind in den Geschäften auch noch nicht zu haben. Wir denken aber, daß G. uns damit versieht. W. hat ja auch immer etwas dazu geschickt u. auch der Onkel W.

Allein 6 Vierpfünder Stollen kommen zum Versand, denn es ist doch immer das schönste Geschenk für die, die in der Fremde sind, ein Stollen ist natürlich auch für Euch dabei....“[97]

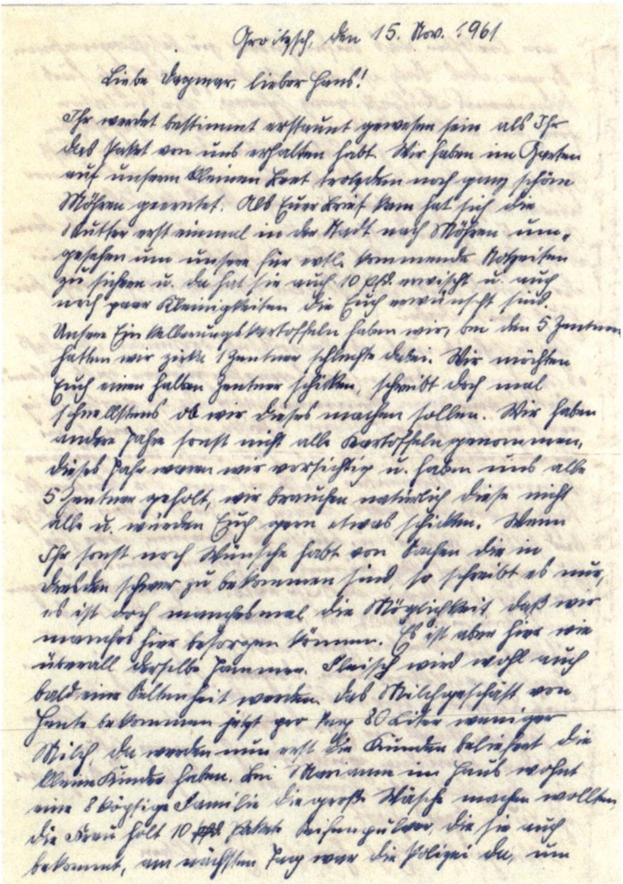

Groitzsch, den 15. Nov. 1961

Liebe Dagmar, lieber Hans!

Ihr werdet bestimmt erstaunt gewesen sein als Ihr das Paket von uns erhalten habt. Wir haben im Garten auf unserem kleinen Beet trotzdem noch ganz schöne Möhren geerntet. Als Euer Brief kam hat sich die Mutter erst einmal in der Stadt nach Möhren umgesehen um unseren hier [illegible] kommende [illegible] zu [illegible] u. da hat sie auch 10 Pfd. erwischt u. auch noch paar Kleinigkeiten die Euch erwünscht sind. Unsere Einkellerungskartoffeln haben wir, bei den 5 Zentnern hatten wir zirka 1 Zentner schlechte dabei. Wir möchten Euch einen halben Zentner schicken, schreibt doch mal schnellstens ob wir dieses machen sollen. Wir haben andere Jahre sonst nicht alle Kartoffeln genommen, dieses Jahr waren wir vorsichtig u. haben uns alle 5 Zentner geholt, wir brauchen natürlich diese nicht alle u. würden Euch gern etwas schicken. Wenn Ihr sonst noch Wünsche habt von Sachen die in Dresden schwer zu bekommen sind, so schreibt es uns, es ist doch manchmal die Möglichkeit, daß wir manches hier besorgen können. Es ist aber hier wie überall derselbe Jammer. Fleisch wird wohl auch bald eine Seltenheit werden. Das Milchgeschäft von [illegible] bekommen jetzt pro Tag 80 Liter weniger Milch, da werden nur erst die Kunden beliefert die Kleinkinder haben. Bei 1 Kaufmann im Haus wohnt eine 8köpfige Familie die große Wäsche machen wollten die Frau holt 10 Pfd. Paket Seifenpulver, die sie auch bekommt, am nächsten Tag war die Polizei da, um

***

97 Brief v. 15.11.1961 von P. Hüfner in Groitzsch an H. Hüfner in Dresden

Meistens bedankten sich die Beschenkten mit einem einzigen Satz für das Stollenpaket. Dass es für die Leute viel Mühe machte, wurde oft nicht gesehen. Aber es gab auch Ausnahmen, Leute, die ausführlicher zum Thema Weihnachtsstollen schrieben.

Aus Köln am Rhein bedankte man sich im Januar 1965 bei den sächsischen Verwandten aus Freiberg für die guten Wünsche und das Paket.

„Liebe Gerda und lieber Max!
Heute erhielt ich Eure Karte mit Euren Wünschen für das neue Jahr. Habt vielen Dank. Auch ich wünsche Euch für 1965 das Allerbeste! Weihnachten haben wir mit meinem Vati in Kassel still verlebt. Es war eine Wohltat, mal etwas pausieren zu können nach dem turbulenten Dienst. Bloß war man Weihnachten einfach zu erledigt, um noch viel davon zu haben. Aber Euer schöner Stollen hat uns die sächsische Heimat wieder sehr nah gebracht. Er traf noch kurz vor dem Fest ein. Der hiesige Stollen ist einfach nicht zu essen. Man kann hier eben keinen Stollen backen. Aber habt vielen, vielen Dank!

***

Nicht alle Stollenpakete lieferte die Post noch pünktlich vor Weihnachten wie im vorherigen Beispiel. Es war und ist Tradition, den Stollen erst am Heiligen Abend anzuschneiden und die erste Scheibe im Kreise der Familie zu genießen.

***

Aus Karl-Marx-Stadt sandte man zu Weihnachten 1967 ein Stollenpaket nach Mainz. Leider kam dieser mit reichlicher Verspätung an.

„Vielen Dank für das Paket. Kam erst zu Neujahr, aber das tut der Freude keinen Abbruch. Ganz besonders Jörg ist begeistert vom Stollen, und wir müssen uns ranhalten, denn er schmeckt allen. Dein Brief vom 7.12. war auch lange unterwegs, sonst hätte ich ihn erwähnt."

***

In der Weihnachtszeit 1971 schrieb man aus Wiesbaden Dankesworte an die Dresdner Verwandten. Nicht nur der Stollen bereitete helle Freude, sondern auch die netten kleinen Geschenkideen.

„Euer liebes Weihnachtspaket haben wir mir Freude erhalten. Den Stollen werden wir uns gut schmecken lassen, es geht doch nichts über einen echten sächsischen Stollen! Die Sparbüchse ist sehr schön, Tante kann nun sparen! Photos können nun auch untergebracht werden. Alles weitere später, bin im Zeitdruck. Nochmals herzliche Weihnachtsgrüße, verlebt schöne Feiertage."

Außer dem Essbaren überlegten sich die Dresdner noch kleine Weihnachtsgeschenke, die offensichtlich gute Verwendung fanden.

***

Kleinmöbel

Auch Kleinmöbel verschickte man an die westdeutsche Verwandtschaft. Im Oktober 1962 schrieb eine Familie aus der Nähe von Leipzig an ihre Tochter und Schwiegersohn in München und kündigte das Möbelteil an. Es war ein vorzeitiges Weihnachtsgeschenk der Tante. Vermutlich stammten die Empfänger ebenfalls aus Sachsen, sind aber vor dem Mauerbau noch in den Westen gegangen. Und nun fehlte dem jungen Ehepaar so mancher Haushaltsgegenstand oder wie im geschilderten Beispiel: ein Zeitungsständer.

„Liebe Doris, lieber Rolf!
Wir haben heute einen Zeitungsständer für Euch gekauft. Hoffentlich gefällt er Euch. Es ist ein Weihnachtsgeschenk von Tante Liesel im voraus. Aber bitte erwidert nichts in einem Brief, da es Onkel Werner nicht wissen soll. Wir hatten heute herrliches Trockenwetter. Mutti schreibt morgen einen Brief. Am Montag schicken wir den Ständer ab. Viele Grüße von Mutti, Papa, Gabi sowie Tante und Onkel"[98]

In der heutigen Zeit muss das Risiko eines Fehlkaufs nicht eingegangen werden, denn per Handy wird das potenzielle Teil fotografiert und in sekundenschnelle verschickt. Das war früher nicht möglich. Meist wurde sofort nach Sichtung gekauft, denn die Auswahl diesbezüglicher Produkte, wie im genannten Beispiel, hielt sich in Grenzen und wer sich nicht sofort entscheiden konnte, hatte später das Nachsehen. Diese Art Kleinmöbel sind in der heutigen Zeit zur Rarität geworden, denn die meis-

98 Anm.: Weitere Postkarten vom November 1961 und vom Februar 1962 von derselben Leipziger Familie sind auf den Seiten 186 u. 211 (zweites Beispiel) zu lesen.

ten Leute lesen kaum noch regelmäßig eine Tageszeitung, von daher ist keine Ablage nötig. Vielleicht befinde ich mich mit dieser Annahme im Irrtum, aber Zeitungsständer habe ich nirgendwo mehr gesehen.
Dieses letzte Beispiel zeigt allerdings keine typische Reaktion von DDR-Bürgern, um sich für Westpakete erkenntlich zu zeigen. Hier handelt es sich vermutlich um ein „echtes" Geschenk, denn das junge Ehepaar wird wohl noch nicht massenweise Westpakete in die Heimat geschickt haben, wenn der eigene Haushalt noch nicht komplett eingerichtet war. Die Verbindung zwischen den Familienmitgliedern schien recht eng zu sein, auch wenn sie sich seit dem Mauerbau nicht mehr sehen durften.

Als Fazit kann eindeutig festgestellt werden:

Die meisten Leute im Westen bedankten sich zwar höflich für das Paket oder Päckchen ihrer Verwandten aus dem Osten, jedoch wäre es ihnen lieber gewesen, wenn sie nichts erhalten hätten. Sie erwarteten keine Gegenleistung für ihre wohltätigen „Geschenksendungen", die sie eher als Versorgungspakete be trachteten. Zwischen den Zeilen kann man sehr gut wahrnehmen, wie sie sich zwar über die Geschenke, vielleicht auch nur oberflächlich, freuten, aber sie, die gut gemeinten Gaben, eigentlich nicht gebrauchen konnten.[99]

Auf der nächsten Ansichtskarte aus Wolfsburg nach Sachsen-Anhalt kommt das ziemlich deutlich zum Ausdruck.

99 Anm.: Literaturhinweis: Dietsch, Ina: Das Missverständnis vom Geschenkpaket in: Grenzen überschreiben? Deutsch-deutsche Briefwechsel 1948-1989, S. 136-146

„Liebe Renate!
Einen lieben Kartengruß aus Wolfsburg! Deinen lieben Brief, Karte und Päckchen haben wir dankend erhalten u. uns sehr gefreut. Du sollst uns aber nicht immer was schicken. Demnächst schreibe ich einen Brief bis dahin alles liebe u. gute viel neues gibt es bei uns nicht.“

Ein großer Unterschied zwischen den West- und Ostpaketen bestand darin, dass die DDR-Bürger niemals gebrauchte Gegenstände, Kleidung aus zweiter Hand oder ganz alltägliche Lebensmittel schickten. Bis auf den Weihnachtsstollen oder einen Baumkuchen, wobei diese Backwaren als Geschenk dienten, schickte man nur Neuware oder selbst angefertigte Produkte.
Man wollte nicht undankbar sein bzw. die Angehörigen und Freunde im Osten nicht verprellen. Aber es gab auch Leute, die schrieben ganz direkt, was sie nicht wollten.

Im November 1981 teilte ein Ehepaar aus Flensburg folgende Zeilen mit:

„Schickt uns bitte keinen Weihnachtsstollen, weil er schwer verdaulich ist.“

Vielleicht empfanden die Empfänger in Sachsen die etwas unfreundliche Aufforderung auch als „schwer verdaulich“.

***

Briefe von Ost nach West

Neben dem Thema Dankbarkeit, welches in einem Kapitel ausführlich dargestellt wurde, gibt es natürlich noch eine Reihe anderer Gebiete, über die man sich austauschte. Zum Beispiel wird über die Arbeit, den Urlaub, Ausflüge, Einkäufe, die Familie oder Belanglosigkeiten berichtet.

Ausflug nach Kipsdorf im Erzgebirge

Im Juni 1981 wird aus der Bahnhofsgaststätte Kipsdorf im Osterzgebirge eine Ansichtskarte nach Bayern versandt. Es sollte wohl ein Ausflug sein, obwohl die Autofahrt einige Rätsel aufgibt. Es klingt an, als würden sich zwei Frauen chauffieren lassen.

Der Bahnhof Kipsdorf – Endpunkt der Weißeritztalbahn

„Herzliche Grüße aus der Bahnhofsgaststätte in Kipsdorf. Wir waren heute an der Maltertalsperre bei Dippoldiswalde. Die Hinfahrt klappte gut mit dem Wolgafahrer, aber die Heimfahrt tut sich schwer. Heute geht unser Autofahrergeschäft nicht so zügig. Ausnahmsweise scheint heute mal die Sonne. Ansonsten geht es uns beiden recht gut, bloß einen Mann zum Heiraten haben wir noch nicht gefunden!"

Die Bahnhofsgaststätte existiert heute im Jahr 2023 nicht mehr – das heißt: schon lange ist sie geschlossen. In den ehemaligen Räumen der Gaststätte richtete man eine kleine Ausstellung zur Historie der Kleinbahn Freital-Hainsberg/Kipsdorf ein.

***

Urlaub in Rathewalde in der Sächsischen Schweiz

Ein Rentnerehepaar schrieb in den 1960er Jahren an ihre Bekannten oder Verwandten in Bayern eine Ansichtskarte aus ihrem Urlaub in Rathewalde in der Sächsischen Schweiz.

„Herzliche Urlaubsgrüße senden Euch Elli und Alfred. Vielen Dank für die schöne Karte aus Eurem Urlaub. Wir sind vom 18.9.-1.10. hier in der Sächsischen Schweiz. Es ist auch schön hier, natürlich nicht zu vergleichen mit dem was wir bei Euch gesehen haben. Es bleibt uns ein unvergeßliches Erlebnis."

Welche herrliche Gegend das Ehepaar aus der DDR bei ihrem Besuch in Westdeutschland kennenlernen durfte, bleibt offen. Vielleicht unternahmen sie sogar Ausflüge nach Österreich oder in die Schweiz. Da verblassen natürlich die Naturschönheiten des Ostens. Die Gegensätze beider deutscher Staaten waren auf vielen Ebenen zu gravierend. Dort die bunte Welt der Bundesrepublik und hier die etwas weniger farbige Welt der DDR.

Die Alpen haben ihren Reiz – ohne Zweifel, aber das Erzgebirge oder das Elbsandsteingebirge, wie die Sächsische Schweiz auch genannt wird, sind heute wie damals begehrte Urlaubsziele.

Blick auf das Dorf Rathewalde in der Sächsischen Schweiz

***

Eine Urlaubskarte aus Thüringen grüßt die Tante in Wiesbaden. Das Datum wird wahrscheinlich auf dem ersten Teil der Karte sein, denn vorhanden ist nur der zweite Teil. Die Nichte spricht auf der Karte einige ihr wichtige Themen an.

„....viele Touristen aus Westdeutschland. 25.8. Heute geht es weiter. Gestern wanderten wir nur auf die Wartburg (Eisenach). Das Wetter zum Wandern gerade angenehm. Heute ist Ruhepause. Mutti hat es in Wiesbaden auch gut gefallen. Sie ist von allen sehr gut aufgenommen wurden. Trotzdem sie doch seit 1944 niemanden mehr gesehen hatte. Kannst Du Dich noch erinnern, daß Mutti 1965 von Dir so ein taubenblaues Kostüm mitbrachte, Dir hatte es nicht gefallen. Du hattest es noch nicht ganz fertig genäht. Ich zieh es im Sommer immer noch in die Schule an und denke dabei öfter an Dich. Solltest Du wieder so etwas haben, oder auch ein Kleid, was Du nicht abträgst, da Du ja immer gute Stoffe hast, findest Du in mir einen dankbaren Abnehmer, da ich ja auch viel brauche. Geld zum Kaufen habe ich, doch nach der Qualität muß man immer noch manchmal rennen.“

So ganz uneigennützig wurde die Karte nicht geschrieben. Zuerst werden Erinnerungen aufgefrischt, dann kommt die wahrscheinlich junge Dame zur Sache. Sie beschreibt klar und deutlich, dass die Kleidung so lange wie möglich getragen wird. Und dabei denkt sie immer an die Tante, so gut gefällt ihr das Kostüm. Sie wäre eine dankbare Abnehmerin – sprich: ehe die Kleidung woanders abgeliefert wird, beispielsweise im Kleidercontainer des DRK, sollte die liebe Tante ihre Kleidungsstücke doch lieber ihr überlassen.

***

Grüße aus dem Thüringer Wald

Aus dem Urlaub im Thüringer Wald schrieb eine Frau an ihre Schwester in München eine Karte.

„Herzliche Urlaubsgrüße sendet Ilse. Wetter und Essen gut, wir gehen viel spazieren.

Der Bahnhof in Groitzsch in den 1970er Jahren – inzwischen gibt es hier keine Bahnstation mehr.
Im Bahnhof befinden sich jetzt Wohnungen

Vor Langeweile weiß man gar nicht, was man anfangen soll u. zu Hause bleibt alles liegen. Aber es ist schon heute der 4. Tag, die Zeit vergeht u. Hurra wir sind wieder in Schuhstergretch.[100]

100 Anm.: Das Wort „Schuhstergretch“ gab mir erst einmal Rätsel auf. Aber beim Überlegen, was es heißen könnte, fiel mir ein, dass ich noch eine

Hier sind schöne Häuser, eins schöner als das andere, da können wir nicht mit [halten]. *Also machs gut.“*

***

Langer Dienst

„Da ich heute 12 Stunden Dienst habe will ich Euch wieder ein paar Zeilen senden. Es ist sehr langweilig u. langer Dienst. Otto hat da immer schlechte Laune. Aber das muß er mit im Kauf nehmen. Nun gehe ich schon wieder eine Woche auf Arbeit. Nun ist es ½ 11 Uhr u. will nun Schluß machen.“

Der erste Satz auf Postkarten an eine Familie in Bayern fängt immer mit denselben Worten an:

„<u>Da ich heute 12 Stunden Dienst habe</u> will ich Euch ein paar Zeilen senden…;
<u>Da ich Mittagsschicht habe</u> will ich Euch ein paar Zeilen senden;
<u>Da ich wieder Pförtnerdienst habe</u> will ich Euch schreiben….“

Mit Karten schreiben konnte sich die Frau wenigstens die Zeit etwas vertreiben, denn der Pförtnerdienst stellte an sie vermutlich keine großen Anforderungen. Sie schrieb aus einem unbekannten Betrieb in Sachsen.

***

---

andere Karte der mir unbekannten Familie besitze und am Poststempel sah, dass sie in Groitzsch wohnen (bei Leipzig). Mein Vater und auch der Großvater P. Hüfner sind in Groitzsch geboren. Es heißt auch deshalb Schuhstergretch, weil es dort viel Schuhindustrie gab. Und das Wort „gretch“ ist die sächsische Aussprache des Städtchens.

Ausflug nach Dresden

Als weiteres Beispiel der vielen Postkarten- und Briefsendungen aus der DDR wird eine Ansichtskarte aus Dresden nach Bayern geschickt. Es ist Februar 1984.

„Liebe Mutti! Viele Grüße aus Dresden senden Dir Renate und Horst. Wir sind mit Horst's Kollegen hier und dem Zug gefahren. Zur Zeit essen wir Mittag in der Gewandhaus Gaststätte. Vormittags haben wir einen Stadtbummel gemacht. Wir haben uns Schuhe gekauft, auch für Uwe Manchesterschuhe. Heute sind ca. 10 Grad Kälte, kommende Woche muß ich nach Halle.....“

Dresden 1960er Jahre: Bis Anfang der 90er Jahre sah die Frauenkirche mit dem Neumarkt so aus. Im Hintergrund der Rathausturm

Viel Interessantes oder Neuigkeiten werden nicht mitgeteilt, aber weil es die Mutter ist, ließ man sie am alltäglichen DDR-Leben mit teilhaben. Man blieb im Kontakt. Weitere Karten berichteten vom Fasching, Skiurlaub, Betriebsausflügen, Autoprobleme, Wanderungen und Gaststättenbesuche mitunter mit detaillierten Angaben der Speisekarte.

Dresden 1986: Es entsteht an der Münzgasse Ecke Neumarkt ein Hotelneubau.

***

Urlaubskarte aus der Sowjetunion

Bei jeder sich bietenden Gelegenheit schrieben nahestehende Verwandte an ihre Familie im Westen.
Aus dem Urlaub in den 1980er Jahren wurde eine Karte aus Sotschi versandt.

„Heute ist nun schon Donnerstag, das Wetter ist schon 2 Tage stürmisch und es regnet viel. Kalt ist es nicht, aber ungemütlich. Wir wollten heute mit dem Tragflächenboot nach Pizunda[101]*, aber das Meer tobt wie wild geworden, so daß die Reise auch wieder ausfiel. Die Wellen sind 3x so hoch wie auf dem Bild. Baden gehen ist völlig unmöglich.*

Gestern waren wir mit dem Bus in einem schönen Badeort mit großen 14-stöckigen Hochhäusern und Blick zum Kaukasus. Gestern waren wir am Rizasee im Kaukasus und heute in Suchumi. Das war überall sehr schön und beeindruckend."

Suchumi am Schwarzen Meer

101 Anm.: Pizunda ist eine Stadt in Abchasien als Schwarzmeerkurort; Das Bild mit dem Wellen ist nicht abgebildet. Suchumi ist die russische Schreibweise – Sochumi die heutige georgische bzw. abchasische Bezeichnung des Ortes

Sonstige Themen

Als Abschluss der Korrespondenz von Ost nach West werden verschiedene Themen angesprochen.

Eine Frau schrieb in den 1970er Jahren aus Leipzig an ihre Verwandten, die sie kürzlich in der DDR besuchten. Die Empfängeradresse bleibt unbekannt, weil die Karte im Brief verschickt wurde.

„Meine Lieben!
Erstmal schnell ein Lebenszeichen von mir. Hatte viele Termine, habe auf Monteure für Aufrechterhaltung des alten Haushaltes gewartet u. auf den Friedhöfen zu tun gehabt. Sonst geht es wie jetzt immer mal so mal so. Hoffe, Ihr habt Euch wieder gut eingelebt u. sicher immer im Haus und Garten zu tun. Vorigen Dienstag ist die zweite schöne Ansichtskarte von Euch hier eingetroffen (zwei Wochen Laufzeit). Die schöne Karte von Venedig eine Woche vorher. Herzlichen Dank für Eure lieben Grüße. Habe mich sehr gefreut über Eure Ausführungen u. Erinnerungen erwachten. Auf dem Zoll war ich auch, aber die Auskunft war nicht erfreulich....“

***

Ein Ehepaar sandte 1970 eine Karte aus Dresden mit einem Motiv der „Neubauten an der Christianstraße“ an eine Familie in Oberbayern. Die Straße heißt heute St. Petersburger Straße, welche zum Dresdner Hauptbahnhof führt. Nach der Zerstörung Dresdens im Februar 1945 gestaltete man die Stadt neu mit völlig neuen Straßenführungen. Das alte Dresden ist verschwunden bis auf wenige barocke Baudenkmäler, zumindest im Jahr 1970. Seit der Wiedervereinigung passierte hinsichtlich der Bautätigkeit in Dresden einiges. Das Motiv von 1970 zeigt eine breite Magistrale, wo lediglich drei fahrende Autos abgebildet sind.[102] Heute herrscht dort ein reger Autoverkehr.

„Meine liebe Mariechen und Georg!
Herzlichen Dank für euren lieben Brief und die Photos. Habe mich sehr gefreut. Sende einstweilen eine Karte von hier. Du wirst Dresden nicht mehr wieder erkennen. Sie haben Dresden vollständig neu gebaut, sind fast keine alten Häuser mehr. Brief folgt in Kürze, da ich kommende Woche laufend unterwegs bin. So seid auf das Herzlichste gegrüßt...“

Dresden – Christianstraße 1967: Blick in Richtung Hauptbahnhof – rechts im Bild die sogenannte „Prager Zeile“ – links Studentenwohnheime

102 Anm.: Anstatt der Originalkarte habe ich eine fast identische Ansicht verwendet, wobei diese Ansicht autofrei ist.

Vermutlich wohnten die bayerischen Verwandten bis zur Zerstörung Dresdens hier. Sie kannten jedenfalls das „alte Dresden“, wie es auch der Schriftsteller Erich Kästner in seinem Buch „Als ich ein kleiner Junge war“ so wunderbar beschreibt. Es ist nicht verwunderlich, wenn Menschen deren Haus bzw. Wohnung total ausgebombt wurde, sich einen anderen Wohnort suchten. Das Zentrum von Dresden war praktisch unbewohnbar. Für die Nachgeborenen ist es kaum nachvollziehbar, wie die Stadt vor dem verheerenden Bombenangriff ausgesehen hat. Anhand von alten Ansichten kann man sich einen Begriff davon machen, wie schön Dresden einmal war.

***

Und als Abschluss grüßt eine Familie aus dem Winterurlaub in Gernrode ihre Verwandten – ebenfalls in Bayern wohnend.

„Wir denken oft an Euch, denn in dieser Gegend sind wir 1976 mal herumgefahren und Ballenstedt ist von hier nur 8 km entfernt. Wir wandeln auf Deines Vorfahren's Pfaden. Wie geht es Euch? Wir hoffen, daß wir bald etwas von Euch hören...“

***

Briefe von West nach Ost

Viele Millionen Briefe wechselten vier Jahrzehnte von West nach Ost und natürlich auch umgekehrt. Diese Publikation ist keine soziologische Studie, so dass nur einige Aspekte zur Sprache kommen. Das Mitteilungsbedürfnis kannte keine Grenzen, man wollte am Leben der lieben Verwandten im jeweils anderen Teil Deutschlands teilhaben – und sei es nur auf brieflicher Ebene. Besonders auffällig und wiederkehrend bewegte die Menschen die Themen Aufenthaltsgenehmigung, Grenze, Besuchsplanungen, Familienneuigkeiten, neue Wohnung, Urlaub und Kuraufenthalte. Aber auch über das Wetter, wie im folgenden Kapitel, machte man sich Gedanken. Am allermeisten berichteten die Leute über ihre Urlaubserlebnisse. Aus allen Teilen der Welt sandte man bunte Ansichtskarten an die Verwandten und Bekannten in der DDR. Was mögen die Leute in der DDR dabei empfunden haben? Aus eigener Erfahrung weiß ich, dass die fremden Länder für uns unerreichbare Ziele waren. Man betrachtete die schönen Bilder, aber es war immer ein schaler Nachgeschmack mit dabei. Ab und zu fuhr unsere Familie nach Berlin, spazierte zum Brandenburger Tor und schaute hinüber nach Westberlin wo man ganz deutlich das Europacenter mit dem blinkenden Mercedesstern auf dem Dach erblickte. Es war eine ganz andere Welt, wie es bereits einige Leute, die in dieser Publikation „zu Wort“ kamen, bei ihren Westbesuchen feststellten.

***

Über das Wetter

Aber: Allen voran, das ist mir bei vielen Briefen von verschiedenen Leuten aufgefallen, wird das Wetter kommentiert. Eigentlich ist das nicht der Rede wert, denn wer möchte Details über das Wettergeschehen lesen? Ich habe den Eindruck, mangels anderer Themen ist der Wetterbericht ein willkommener Lückenfüller. Da könnte ich viele Beispiele aufzählen, möchte aber auch hier keine Langeweile aufkommen lassen.

Ein Brief vom Sommer 1978 berichtete folgendes:

„Wenn Ihr jetzt im Urlaub seid, kann man nur hoffen, daß Ihr Euch eine Gegend ausgesucht habt, wo das Wetter besser ist, als es hier und in vielen Teilen Deutschlands in den vergangenen Wochen gewesen ist. Viel Regen und Wind, wenig Sonne und das alles bei gar nicht sommerlichen Temperaturen. Bei diesem anhaltend schlechten Wetter können einen die Urlauber wirklich leid tun. Unsere Ferien beginnen am 27.7., also in drei Wochen. Bis dahin hofft man ja, daß sich die Wetterlage mal wieder gebessert hat. Wir wollen unseren Urlaub auf Sylt verbringen……“[103]

Und so geht der Text immer weiter. Auf einer Urlaubskarte berichten einige Leute vom Wetter, aber in einem Brief an einen nahen Verwandten sich ausgiebig über Dinge auszulassen, die man sowieso nicht ändern kann, zeugt von Fantasielosigkeit.

***

103 Brief v. 7.7.1978 aus Hannover an H. Hüfner in Dresden

Über den Urlaub

Urlaub heißt das Stichwort, denn wenn vom Wetter wie im vorhergehenden Kapitel die Rede war, ist das Urlaubsthema nicht weit entfernt. Jemand, das könnte eine Verwandte oder Freundin gewesen sein, schrieb aus ihrem Italienurlaub, wahrscheinlich in den 1970er Jahren eine Ansichtskarte mit dem Motiv einer idyllischen Bucht und schroff aufsteigenden Bergen. So ganz zufrieden schien die Dame mit den Urlaubsbedingungen nicht zu sein, aber mit einer Portion Humor überstand sie die teils unangenehmen Situationen.

„Liebe Leni, auf das teure, dafür aber kleine Mittagessen wartend, will ich Dir noch einen Gruß schreiben. Ich konnte mich trotz des wunderbaren Wetters u. des herrlichen Schwimmens, 1 Stunde am Tag, hier nur schwer einleben. Der schmale Strand barst von Italienern, und Du hast keine Vorstellung wie schnell, laut u. ohne Atem zu holen die Italienerinnen einen Nachmittag lang reden können. Darin gibt es einen Strand voll Bambinos [Kinder] *gratis. Und Du sitzt in dieser Mausefalle Monterosso drin und kommst nur raus, wenn Du 165 Kurven hoch bis zur Autofahrstraße fährst, aber nun hoffen wir mit Hilfe eines 2. Liegestuhles am Rande des Strandchaos die restlichen 9 Tage lebendig zu überstehen. Anne soll meinen Lagebericht bloß nicht Evi mitteilen, dann ist die kreuzunglücklich. Emil fühlt sich pudelwohl und genießt das dolce vita.... So, dieses Essen war wieder so, daß wir es nicht noch mal bestellen werden, aber satt sind wir....“*

***

Ein Sohn schrieb aus Venedig an seine Mutter in Thüringen folgende Zeilen:

„Hallo Mutter, wie Du siehst bin ich schon wieder in Venedig. Ich bin fast nicht mehr Zuhause. Aber in den letzten Jahren habe ich sehr viel gesehen. Gruß...“

Der Poststempel ist nicht lesbar, aber anhand der Beschaffenheit der Karte könnte man auf die 1970er Jahre tippen. Sehr herzlich klingen diese Zeilen nicht, aber auf jeden Fall durfte das „Kind“ seine Träume von der großen weiten Welt ausleben, was in der DDR nicht möglich gewesen wäre.

Eine Ansicht von Venedig 1957

Es folgten noch mehrere Karten, stets knapp und unpersönlich geschrieben.

„Nochmals viele Grüße aus Rom sendet Dir ...
Morgen muß ich weiter nach Neapel und zum Vesuv“

Anscheinend steht ein „Muss“ hinter seiner Reiselust. Vielleicht will er alles nachholen, was ihm in der DDR vorenthalten wurde. Weitere Karten sandte er aus Österreich und Jugoslawien.

Aus Frankreich schrieb er:

„Ich bin jetzt 10 Tage hier, dann muß ich nach Italien. Wenn ich am 11.9. drei Tage Urlaub habe, kommen wir rüber.“ [Punkt]

Also drei Tage bleiben für den DDR-Besuch übrig!

Aus einer ganz anderen Gegend schrieben Leute eine schöne Postkarte aus Aachen, damals noch Bad Aachen. Das muss wohl in den 1970er Jahren gewesen sein. Ein Gebäude faszinierte das Ehepaar so sehr, dass sie eine detaillierte Beschreibung lieferten. Der anfängliche Kartentext ist allerdings nur zu erraten, weil die Postkarte als Brief geschrieben wurde und nun mit dem Wort „Rathaus" beginnt:

„....Rathaus. Dieser Postwagen ist als Restaurant eingerichtet und gehört zum Ratskeller. Ist sehr gemütlich eingerichtet mit Zinntellern und sonstigem alten Geschirr an den Wänden. Auf der Karte kann man sehr gut die Butzenscheiben, die in Blei gefaßt sind erkennen. Die grünen Scheiben, wo oben die Fenster geöffnet sind. Den Dom haben wir noch nicht besichtigt. Ich nutze die Zeit zum Schreiben. Soeben habe ich ein Päckchen mit Aachener Printen (3 verschiedene Sorten) und etwas Kaffee als Urlaubsgruß versandt. Ganz herzliche Grüße"

Hochzeitsgeschenk

In einem Brief vom 14. Dezember 1980 wünschte ein Onkel seiner Nichte alles Gute zur Hochzeit, wenn auch etwas verspätet. Er schreibt nicht direkt an das Hochzeitspaar, sondern an dessen Eltern in Leipzig. Es werden Überlegungen angestellt, welches Geschenk für das junge Ehepaar von Nutzen sein könnte. Im Gegensatz zu dem Ehepaar[104], welches von der Osttante ungefragt bescheidene Haushaltswarenartikel geschickt bekam, wird hier vorsichtshalber angefragt, um das Richtige zu kaufen.

Er schrieb:
„Als die Eltern [vom Onkel] *hier waren, brachten sie auch die Nachricht mit, daß H. geheiratet hat. Wir möchten ihr sowie ihrem Mann zur Hochzeit natürlich noch, wenn es auch spät kommt, alles nur erdenklich Gute wünschen. Wir wollten H. gern etwas zur Hochzeit schenken, wir dachten an Bettwäsche. H. soll uns bitte mal schreiben, ob sie damit einverstanden wäre oder ob sie einen anderen Wunsch hat. H. und ihrem Mann wünschen wir natürlich bald eine recht schöne Wohnung."*

Über die Thematik Wohnung hatten die meisten Westdeutschen keinen blassen Schimmer. Gute Wünsche sind schnell geschrieben, aber es zeugt von Unwissenheit wenn gar Naivität. Eigentlich müsste die Verwandtschaft ja wissen, welche immensen Probleme sich bei der Wohnungssuche in der DDR auftaten, aber es sind zwei Welten gewesen und in die jeweils andere Seite konnten sich die Wenigsten hineinversetzen.

---

104 Anm.: siehe Kapitel Ostpakete S. 146 ff. bzw. S. 154

In der DDR bekam man zu dieser Zeit überhaupt keine Wohnung, und wenn doch, dann eine Ausbauwohnung – meist in einem sehr schlechten baulichen Zustand. Von einer schönen Wohnung, wie der Onkel schrieb, und erst recht nicht „bald“ konnte keine Rede sein. Viele Leute wohnten meist jahrelang in eigentlich abrissreifen Häusern und das oft mit kleinen Kindern. Die Situation änderte sich schlagartig nach dem Mauerfall. Im Jahr 1990 konnte, wer wollte, sofort eine Wohnung bekommen. Das wiederum weiß ich auch aus der näheren Verwandtschaft.
Die Verwandtschaft machte sich zwar Gedanken über ein passendes Geschenk, konnte jedoch die wirtschaftliche Situation in der DDR nur ungenau einschätzen. Bettwäsche lag zwar nicht jederzeit in den Textilgeschäften zum Kauf bereit, aber zur ausgesprochenen Mangelware gehörte Bettwäsche nicht. Auch hier wieder entnimmt man die Hilflosigkeit und das Unwissen über die Verhältnisse. Ein Geldgeschenk wäre sinnvoller gewesen, denn für „Westgeld“ bekam man fast alles. Aber so einfach war auch das nicht. Und darüber wird im nächsten Kapitel berichtet.

***

Westgeld und verschwundene Briefe

Aber wie sollte das Geld überbracht werden? Besuch fand selten statt, meist erst viele Monate nach dem Familienereignis, so dass es nahe lag, einen Geldschein per Post zu versenden. Leider kam in vielen Fällen das Geld nicht ordnungsgemäß an.

„Ein Brief von H. an uns, in dem Bilder enthalten waren, ist bei uns nicht angekommen, ein Brief von W. war im Juni auch nicht bei uns angekommen, in diesem Briefe waren 20 DM. Es ist wahrscheinlich so, wenn ein Brief etwas stärker ist, da verschwindet er, da vermutet man Westgeld drinnen u. da verschwindet natürlich der Brief mit dem gesamten Inhalt u. wenn dann letzten Endes nur Bilder drinnen waren.“[105]

Letztendlich ist die Story noch nicht zu Ende, denn elf Tage später wird wieder ein Brief nach Dresden geschickt, um mitzuteilen, dass der verschwundene Brief mit den Fotos doch angekommen ist.

„Am 5. Oktober hatte an uns H. im Brief allerhand Bilder gesandt, wir nahmen an, daß dieser Brief verschwunden ist, heute nach 46 Tagen kam dieser Brief endlich doch noch an. Dieser Brief ist aufgemacht worden u. auf dem Postzollamt kontrolliert worden, der Kontrollstempel war mit dem Datum des 19. November versehen, man fragt sich da, wo der Brief die übrigen 43 Tage gelegen hat. Nach dem Gesetz soll es doch keine Briefkontrolle bei uns geben.“[106]

***

105 Brief v. 10.11.1975 v. P. Hüfner in Groitzsch an H. Hüfner in Dresden
106 Ebd. Brief v. 21.11.1975

Briefe – langer Postweg

Im letzten Kapitel wurde davon berichtet, dass ein Brief über vierzig Tage unterwegs gewesen sei. Das stellte keine Seltenheit dar. Geburtstagspost traf fast nie pünktlich ein und das führte zwangsläufig manchmal zu Missverständnissen.

„Ich hatte mich gewundert, daß von G. zu meinem Geburtstag keine Glückwünsche eintrafen. Es ging aber diesem Brief genau so wie dem Brief, den ihr von ihm erhalten habt. Der Brief an uns, war am 29.6. geschrieben, der Poststempel war vom 6.7. und eingetroffen war der Brief bei uns am 6.8. Unser Brief war an der Seite aufgeschnitten.“[107]

***

Auch im nächsten Beispiel verursachte die lange Postbeförderung, dass die Geburtstagsglückwünsche zu spät zugestellt wurden. Es ist April 1976:

„Liebe Hertha!
Morgen zu Deinem Geburtstag gratulieren wir Dir ganz herzlich u. wünschen Dir Gesundheit und Wohlergehen. Immer noch denke ich an die Feier mit den Lichtbildern, als ich zu Deiner Geburtstagsfeier in die Burgstraße ging! Und auch die in der Friedensstraße bei Sigrid sind stets sehr gemütlich gewesen! Bitte verzeih uns, daß unser Gruß verspätet ankommt, ich vergesse immer noch die lange Postzeit! Aber in Gedanken bin ich, bzw. wir bei Euch u. trinken ein Glas auf Dein Wohl!“

Man erinnert sich an vergangene Zeiten, die offensichtlich sehr schön gewesen sein müssen. Ein bisschen Wehmut steckt in

107 Brief v. 11.8.1982 v. P. Hüfner an H. Hüfner in Dresden

diesen paar Zeilen, denn nun werden die Glückwünsche nur noch per Post geschickt.

***

Der lange Postweg muss nicht immer der Grund gewesen sein, wenn Menschen ungeduldig auf Post von Angehörigen im Westen warteten. Manchmal ließen sich die Verwandten für die Beantwortung etwas Zeit, aus welchen Gründen auch immer, und prompt kam eine Nachfrage. Bei diesem Beispiel sind es die Eltern und die Schwester. Sie wohnten in Leipzig und schickten ihre Grüße nach München. Offensichtlich wohnten Tochter und Schwiegersohn noch nicht sehr lange in Bayern. Keiner konnte damit rechnen, dass sich nach der Übersiedlung nach München plötzlich die Grenzen schlossen und ein Wiedersehen in weite Ferne rückte. Die Postkarte mit dem Motiv des Leipziger Rathauses wurde im Februar 1962 geschrieben. Die wenigen Zeilen zeigen deutlich, wie schmerzlich die Trennung von den Eltern in Leipzig empfunden wurde. Die Neu Zugezogenen in Bayern verarbeiteten sicherlich so viele neue Eindrücke, dass sie gar keine Zeit für eine besinnliche Stunde hatten. Arbeitssuche, Wohnung einrichten und die neue Umgebung kennenlernen nahmen die ganze Aufmerksamkeit in Anspruch, so dass die alte Heimat im Moment sehr weit entfernt war.

„Liebe Doris!
Heute ist schon der 25. und wir haben noch keine Post wieder von Dir erhalten. Wir warten sehnlichst darauf. Wollen hoffen, daß es Euch noch gut geht. Haben vorgestern wieder ein Paket an H. abgeschickt. Hoffentlich kommt es an. Bei uns ist soweit alles in Ordnung. Recht liebe Grüße senden Dir u. Rolf Mutti, Papa und Gabi“

***

Sonstige Themen

Die Themenvielfalt kannte keine Grenzen. Manchmal wunderte ich mich, auf welche Gedanken, oder besser gesagt Gedankenlosigkeit die Menschen kamen. Eine Frau beschrieb in den 1980er Jahren ihren „Lieben im Osten“ ein tolles Einkaufszentrum, und das, als es in der DDR hinsichtlich der Warenbeschaffung wesentliche Probleme gab. In der DDR herrschte, zumindest für einige Produkte, die Mangelwirtschaft und im Westen der Überfluss! Eine Cousine von mir sagte einmal:

„Das Einkaufen bei Euch ist ein Alptraum“.

„Ihr Lieben, gerade kam Euer lieber langer Brief, 1000 Dank! Gestern schickten wir ein Paket ab u. hoffen auf guten Empfang. Heute nur der kurze Gruß, ich bin auf dem Weg zum Wochenmarkt – bald ausführlicher! Auf der Karte seht Ihr Kiels neues Einkaufszentrum, es ist wirklich umwerfend, soll das modernste in Europa sein, da gibts nichts was es nicht gibt!“

***

Eine idyllische Ansicht aus dem Zugspitzdorf Grainau schickte eine Frau im Juli 1980 an eine Bekannte nach Sachsen. In welcher Beziehung die beiden zueinander standen, kann nicht gedeutet werden, da sie sich in der Höflichkeitsform anredeten. Verwandt waren sie jedenfalls nicht miteinander, soviel ist gewiss.

„Liebe Frau M.,
ich habe mich noch für Ihre Karte zum Frauentag zu bedanken. Bei uns gibt es solchen Tag nicht, habe mich aber trotzdem gefreut, daß Sie an mich gedacht haben. Wir verbringen unseren Urlaub hier in den Bergen. Leider, wie überall, Regen

u. wenig Sonne. Wie geht es Ihnen gesundheitlich? Hoffentlich besser. Bis 16.8. sind wir in Urlaub....“

Die Kartenschreiberin nebst Mann ließen es sich gut gehen, denn der Urlaub dauerte wenigstens vier Wochen. Das war für einen DDR-Bürger selten möglich, zumindest nicht für die, bei denen das Rentenalter noch nicht erreicht war. Aber auch Rentner verreisten meist nur zwei Wochen. Es war nicht üblich, länger als zwei Wochen weg zu fahren, schon aus dem Grunde nicht, weil die werktätige Bevölkerung in der DDR oft nur Anspruch auf 18 Tage Urlaub hatte. Für die Zeit zwischen Weihnachten und Neujahr wollte man sich wenigstens ein paar Tage Urlaub aufheben.

Zum anderen gratulierte die DDR-Frau der Westfrau zum Frauentag, was ja nun gar nicht passte. Dort gab ausschließlich den Muttertag, wobei nicht jede Frau Mutter ist, also wurden die anderen Frauen ausgegrenzt. Heute gibt es zwar bundeseinheitlich keinen Frauentag als Feiertag, außer in Berlin, aber dieser Tag ist nicht nur in der DDR „gefeiert“ wurden, sondern auf der ganzen Welt, denn es heißt „Internationaler Frauentag“.

***

Über die politischen Entwicklungen

Trotz der verhärteten politischen Situation zwischen Ost und West bestand doch immer die Hoffnung auf Reiseerleichterungen oder generell eine durchlässigere Grenze. Das kommt auch in den vielen Briefen, welche jahrzehntelang zwischen Ost und West geschrieben wurden, zum Ausdruck. Manchmal bezogen sich die Briefschreiber auf eine aktuelle politische Situation.

Ein Verwandter schrieb seine Einstellung zur Politik, nachdem die langjährige Regierungszeit der CDU einmal unterbrochen wurde:

„Mit unserer neuen Regierung ist plötzlich ein erstaunlich reger Gedankenaustausch mit anderen Ländern zustande gekommen. Auch die Tschechoslowakei hat ihr Interesse an normalen Beziehungen wieder bekundet. Die einzigen, die alles mit Unbehagen beobachten sind in Ostberlin. Hier wird man nur nachgeben, wenn man unbedingt muß. Auf lange Sicht gesehen wird man aber müssen. – Unsere neue Regierung hat aber auch viele neue Möglichkeiten, man spricht hier von Reformen (was die CDU nicht gern hört).“[108]

Der briefliche Kontakt zwischen den Verwandten unserer Familie blieb über die Jahrzehnte bestehen, auch wenn manchmal ein halbes Jahr verging, ehe der nächste Brief auf die Reise geschickt wurde. Im Juni 1970 klang der Brief des Verwandten nicht mehr so hoffnungsvoll, denn er meinte:

„Die Zeit geht ja so leicht über alles hinweg. – Unser Deutschland ist nun endgültig ein geteiltes Land.“

---

108 Brief v. 12.12.1969 v. Bruder aus Bayern an H. Hüfner in Dresden

Wenige Zeilen weiter unten wird ergänzt:

„Gerade höre ich im Bayerischen Rundfunk eine Sendung über die „DDR" positives und negatives. Dies ist Ausdruck des beginnenden allgemeinen Interesse am anderen Teil Deutschlands. Dieses war ja bis zum Regierungswechsel schlecht und gleichgültig. Die Treffen Stoph-Brandt haben zumindest gegenseitiges Interesse legalisiert, darin liegt wohl erst einmal der Wert."[109]

***

Viele Jahre später hat sich bei den gegenseitigen Bemühungen nicht viel getan. Jedoch blieben die Politiker beider deutscher Seiten gesprächsbereit.

„Der Besuch von Schmidt bei Honecker ist ja nun auch vorbei. Ob da wohl für die Zukunft etwas zu erwarten ist? Wenn auch im Augenblick nicht viel zu erwarten ist, so finde ich es schon als Gut, wenn zusammen gesprochen wird. Im Jahre 1982 werden wir ja sehen, ob bei diesem Gespräch etwas rausgekommen ist."[110]

***

Aber auch zwischen den ostdeutschen Verwandten wurde so mancher Kommentar zur politischen Entwicklung Deutschlands abgegeben. Der Vorteil hierbei: Die Briefe wurden wohl kaum kontrolliert. Der Vater der Autorin schrieb am 25. März 1970:

---

109 Brief v. 9.6.1970 aus Bayern an H. Hüfner in Dresden
110 Brief v. 16.12.1981 aus Bayern an H. Hüfner in Dresden

„Mit Spannung haben wir in der vergangenen Woche den Besuch Brandts in Erfurt verfolgt. Wenn auch die Aussichten sehr gering sind, daß diese Gespräche zu einem Ergebnis führen, das auch für uns ein paar kleine Vorteile bringt, man beginnt trotzdem wieder zu hoffen. Vielleicht geschieht eines Tages doch einmal ein Wunder.“

Mit dieser Prognose lag mein Vater gar nicht so schlecht, denn den Fall der Berliner Mauer im November 1989 kann man wirklich als Wunder bezeichnen. Doch der Weg bis dahin war ab März 1970 noch sehr weit.

Auch zu den „Ostverträgen“ kommentierte er folgendes:

„Täglich verfolge ich jetzt im Rundfunk die Nachrichten wegen der Ostverträge. Man kann wirklich gespannt sein wie das noch enden wird. Man hofft, daß für uns am Ende auch ein paar kleine Vergünstigungen mit heraus kommen könnten.“[111]

***

111 Brief v. 30.3.1972 v. H. Hüfner in Dresden an P. Hüfner in Groitzsch

Das Jahr 1990

Als Abschluss des Briefwechsels zwischen West und Ost wird vom Westonkel eine Prognose erstellt, wie sich die ehemalige DDR zukünftig wirtschaftlich und finanziell entwickeln könnte. Es ist Februar 1990:
Die Mutter (Oma) in Groitzsch, inzwischen fast 90 Jahre alt, machte sich ihre Gedanken über die wirtschaftlichen und finanziellen Perspektiven in der DDR, was man ja durchaus verstehen kann, wenn ein Mensch schon mehrere Gesellschaftsordnungen erlebte – vom Kaiserreich angefangen, über die Weimarer Republik, dann die Diktatur des Nazi-Reiches und schließlich die Deutsche Demokratische Republik.

Nun schrieb der Onkel im Westen im Februar 1990 an den Bruder in Dresden folgenden Brief, der ausschnittsweise wiedergegeben wird.

„Sie (die Mutter) *schrieb uns dieser Tage einen Brief. Das klang alles recht pessimistisch, angefangen bei ihrem Gesundheitszustand über die Gartenarbeit, die sie nun bei diesem schönen Wetter nicht verrichten kann bis hin zu den wirtschaftlichen und finanziellen Perspektiven in der DDR. Der letzte Punkt wäre sicherlich ein Grund, sich darüber Gedanken zu machen. Auch hier wird bei allen Möglichkeiten lebhaft diskutiert, im Fernsehen, das Ihr nun leider nicht empfangen könnt, kann man täglich entsprechende Sendungen verfolgen oder in der Tageszeitung Berichte aus Wirtschaft, Politik oder Lokalem aus der Beziehung Bundesrepublik-DDR nachlesen. Danach kann man sich dann seine Meinung bilden. So einfach ist das natürlich nicht. Wenn man bedenkt, daß 40 Jahre geschludert*

wurde, kann man innerhalb von Wochen oder Monaten keine Wunder erwarten. Ich bin der Meinung, daß es eigentlich nur noch aufwärts gehen kann, besonders nach dem 18. März. Dann wird viel davon abhängen, fähige Köpfe für die Regierung zu finden, die bisher eigentlich noch nicht in Sicht sind.

Berlin im Februar 1990: Verfassen des Briefes an die Ostverwandtschaft und zur gleichen Zeit fotografierten Touristen die inzwischen durchlöcherte Mauer am Brandenburger Tor

An Arbeit dürfte es eigentlich nicht mangeln. Wahrscheinlich wird es eine Frage der Organisation und natürlich auch des Geldes sein, die Wirtschaft in Schwung zu bringen. Dann könnte sich eine ähnliche Entwicklung vollziehen wie bei uns nach der Währungsreform. Leider eben alles 40 Jahre zu spät.“[112]

---

112 Brief v. 28.2.1990 West nach Ost an H. Hüfner in Dresden

Inzwischen sind über drei Jahrzehnte vergangen und die Geschichte zeigt, dass zwar Arbeit genug da war, aber erst einmal so gut wie alle Betriebe auch Großbetriebe durch die sogenannte „Treuhand“ abgewickelt wurden.
Soviel zur Aussage des Onkels:

„Wenn man bedenkt, daß 40 Jahre geschludert wurde……“

Das behauptete jemand, der nie in der DDR gelebt hat, sich nur wenige Tage im Jahr zwecks Besuch dort aufhielt und manchmal mehrere Jahre zwischen den kurzen Aufenthalten verstrichen. An weiteren Beispielen des Unverständnisses fehlt es nicht, jedoch soll über das Thema an dieser Stelle nicht weiter diskutiert werden, weil die Meinungen immer noch total auseinandergehen. Es steht jedem frei, sich seine eigene Meinung über das Für und Wider des „Zusammenwachsen beider deutscher Staaten“ zu bilden.
Folge der grundlegenden wirtschaftlichen Veränderungen der „Wendezeit“ war eine hohe Massenarbeitslosigkeit, die bei einigen Menschen bis heute nachwirkt, denn manche haben seit der „Wende“ nie wieder im Berufsleben Fuß fassen können. Allerdings genießen inzwischen die meisten Werktätigen aus dieser Zeit ihr Rentnerdasein, wobei die Rente bei den Betroffenen gemäß der fehlenden Arbeitsjahre recht kläglich ausfällt.

Wenn keine anderen finanziellen Rücklagen gebildet werden konnten oder Immobilien vorhanden sind, findet das Leben in sehr bescheidenen Verhältnissen statt. Eine Rente von 750 Euro ist keine Seltenheit, auch wenn der Staat mittels der sozialen Hilfe namens Grundsicherung aufstockt, aber diese wird nur nach entsprechender Antragstellung und offenlegen aller finanziellen Verhältnisse gewährt. Deutschland ist eben ein Sozialstaat!

Aus Aschau im Chiemgau sandte eine Frau eine Urlaubskarte an eine gute Bekannte. Wohin ist nicht feststellbar, weil die Postkarte als Brief verschickt wurde. Sie machte sich Sorgen über das Befinden ihrer schon etwas älteren Freundin, denn es ist die Zeit der „Wende“ – eine Zeit der umfassenden Veränderungen.

„Nach langer Pause heute nun ein Gruß aus dem Urlaub. Der heiße Sommer hat mich sehr belastet, deshalb genieße ich die Tage hier besonders. Wie haben Sie den heißen Sommer verkraftet? Ich hoffe, es ging Ihnen einigermaßen gut. Kommen Sie noch alleine zurecht? Die Veränderungen in der früheren DDR sind ja nicht gerade von Vorteil für alte Menschen. Haben Sie Verwandte, die Ihnen behilflich sind? Ich hoffe sehr, daß es Ihnen gut geht und grüße Sie herzlich.“

***

Mein Vater hörte während einer Zugfahrt wie jemand aus dem Westen meinte:

„Die sollen erst einmal das Arbeiten lernen“.

Diese unbedachte Äußerung und ähnliche abwertende Meinungen dieser Art trugen nicht gerade im positiven Sinne für eine Annäherung der beiden deutschen Staaten bei. Es ist daher nicht verwunderlich, weshalb die Bezeichnung „Besser-Wessi“ aufkam.

***

Briefe von Ost nach Ost

Ostern – Absage an Westbesuch

Zwischen meinen Eltern und den Großeltern in Groitzsch bestand, wie schon erwähnt, ein jahrzehntelanger Briefwechsel, wobei sich immer wieder über die West-Ost-Problematik ausgetauscht wurde. Beide Familien bekamen oft Besuch aus dem Westen und manchmal stellte sich die Frage der Versorgung – besonders vor Feiertagen wie Ostern oder Pfingsten.

„Zu Ostern war leider so schlechtes Wetter, so daß Ihr wohl mit dem Besuch nichts unternehmen konntet. Wie war es denn mit der Fleischzuteilung, es waren ja bei Euch allerhand, die beköstigt werden wollten. Bei uns gab es am Tage vor dem Karfreitag überhaupt nichts beim Fleischer, so daß wir uns die Feiertage mit Konservenfleisch, wir hatten gottseidank noch etwas im Keller, das reichte gerade für uns zum 1. Feiertag. Man hat da immer gewisse Bedenken, wenn man Besuch hat. Die Brötchen waren am Gründonnerstag schon ¾ 7 ausverkauft u. wie schon gesagt, Fleischwaren gab es an diesem Tag überhaupt nicht. Es war gut, daß wir schon vorher unseren Besuch abgesagt haben. Es hat uns dieses sehr leid getan…

Auch die Großmutter schrieb zusätzlich noch ein paar Zeilen:

„Daß wir den Münchnern abgesagt haben, war wirklich richtig, obwohl es uns, als die Feiertage kamen, etwas weh ums Herz wurde. Die Münchner haben volles Verständnis dafür gehabt. Das Schönste von Allem wäre gewesen, daß wir kein Fleisch gehabt hätten. Donnerstags gab es nichts mehr, die Läden waren wie ausgekehrt. Das ist doch schlimmer wie in Po-

len. Die Bevölkerung hat wenigstens dort ihre bestimmte Fleischzuteilung. Bei uns wird das bißchen was da ist, von denen die eine Tiefkühltruhe haben, weggeholt und wir, die nur das Fleisch grammweise holen, kriegen nichts. Und dabei geht vieles hintenrum weg auf dieser Basis: Gibst Du mir, geb ich dir! Wo werden wir noch hinschlittern?"[113]

***

Schreibfaulheit

Auf einer Urlaubskarte aus Bad Elster in den 1970er Jahren beschreibt eine Frau ihrer Freundin in Thüringen die bisher unternommenen Ausflüge und das Wettergeschehen. Sie bedankte sich bei ihr über die Geburtstagsglückwünsche, über die sich sich sehr gefreut hat und stellte folgendes fest:

„Für Deine lieben Wünsche zu meinem Geburtstag danke ich Dir noch herzlich. Die Kinder haben auch so lieb geschrieben – aber die Großen von drüben halten es nicht für nötig."

Die Frau beschwerte sich bei ihrer Freundin in Thüringen, dass der Nachwuchs der Westverwandtschaft immer weniger Interesse hätte, ihr auch mal einen Brief zu schreiben oder zumindest einen Gruß zum Geburtstag zukommen zu lassen.
Die nachwachsende Generation, die nicht mehr den unmittelbaren Bezug zur alten Heimat der Eltern hat, empfindet eben anders. Das führt mitunter dazu, dass sich die Verwandten gar nicht mehr kennen. Die Besuche werden rarer, das Interesse an der Ost-Verwandtschaft schwindet. Zumindest weiß ich das aus meiner eigenen weitverzweigten Familiengeschichte. Die ältere

---

113 Brief v. 22.4.1982 v. P. Hüfner in Groitzsch an H. Hüfner in Dresden

Generation hält oft die Verbindung aufrecht, weil sie mit der DDR-Verwandtschaft gemeinsame Erfahrungen und Erinnerungen teilt. Im vereinigten Deutschland könnte man die Kontakte wieder aufleben lassen, aber es ist erwiesen, dass die jahrzehntelange Trennung zur Entfremdung führte. Noch heute, 33 Jahre Jahre nach der Wiedervereinigung, gibt es gravierende Unterschiede zwischen den Meinungen und Erfahrungen der Menschen in den alten und neuen Bundesländern. Die gesellschaftlichen und politischen sowie ökonomischen Bedingungen waren zu verschieden, als dass man in wenigen Jahren eine Angleichung erwarten könnte.

***

Nicht nur schreibfaul, sondern auch etwas abwertend schrieb eine Frau im Oktober 1979 aus Karlsruhe an ihre Bekannte in Sachsen. Das Kartenmotiv zeigt den Tegernsee, aus jenem Ort die Karte ursprünglich abgeschickt werden sollte, aber zu spät geschrieben wurde.

„Liebe Doris, eigentlich sollte Dich dieser Gruß schon aus dem Urlaub erreichen, aber meine Schreibfaulheit! Ja, denk Dir, Lene war am Wochenende hier, also Weihnachten geht es nicht, aber im Mai kommen sie für länger u. dann kannst Du Dich danach richten u. zu uns kommen. Es ist dann bestimmt auch schöner als im Winter....“

Als DDR-Bürger musste sich die Frau aus Sachsen anmelden, mit obligatorischer Antragstellung sowieso, dann abwarten wie es den Verwandten zeitlich passte, und irgendwann war auch sie an der Reihe für einen Westbesuch. Da muss man sich nicht wundern, wenn sich die DDR-Bürger teilweise als Bittsteller fühlten.

***

Die neue Freiheit

In diesem Kapitel vermischt sich bereits der Briefwechsel zwischen beiden deutschen Staaten. Zu dieser Zeit ist noch nicht geklärt, welchen Verlauf die weitere politische Entwicklung nehmen wird, aber eines ist gewiss: Die „Einheit Deutschlands“ rückt näher.

Die Grenzöffnung am 9. November 1989 bewegte die Menschen in Ost und West. Vater der Autorin war zu jener Zeit in Berlin und berichtet:

„Der 9. November 1989 war ein wunderschöner, sonniger Herbsttag. Vor der Mauer im Tiergarten hatten sich Tausende versammelt, die, wie wir, dabei sein wollten. […] Es gab nur freundliche, lachende Gesichter, nicht selten mit Tränen in den Augen und immer wieder diese Worte. `Wahnsinn, es ist nicht zu fassen`. Es war auch kaum zu begreifen, was in den letzten Stunden hier geschah, nachdem man uns DDR-Bürger auf ein Leben mit der Mauer bis an das Ende unserer Tage eingeschworen hatte.“[114]

***

Es ist Ende November 1989:
Alles in Ost und West ist auf den „Beinen“. Aus dem Urlaub im Erzgebirge schrieb man umgehend an die Westverwandtschaft.

„Herzliche Urlaubsgrüße aus dem tief verschneiten Erzgebirge senden.... Vielleicht hast Du zwischenzeitlich vergeblich ver-

114 Hüfner, Hans: November 1989 – Mauerfall, in: Stosik, Claudia (Hrsg. 2017): Kuriose Grenzgeschichten Mai 1945 bis November 1989, S. 88

sucht, uns telefonisch zu erreichen. Es hat sich viel ereignet und Du wirst viel an alle gedacht haben. Wir sind ab 27.11. wieder zu Hause. Waren vor unserer Urlaubsreise auch schon in der BRD, mit Horst. Es ist doch sehr schön, daß sich alles so zum Guten verändert hat. Hoffen auf ein baldiges Wiedersehen.“

***

Wenige Tage später, am 28. November 1989 entschied sich eine Frau in Bayern, aus der Stadt Hof, die nur 10 Kilometer von der DDR-Grenzanlage entfernt liegt, eine Karte nach Plauen an einen ihr unbekannten Menschen zu schreiben. So etwas war nicht alltäglich. Über die Grenzöffnung bzw. den Fall der Mauer in Berlin nach 28 Jahren freuten sich die Menschen über alle Maßen, so dass es keine Berührungsängste gab, an wildfremde Menschen eine Karte zu schreiben.

„Hallo Nachbar!
Herzliche Grüße von Ihrer Nachbar- u. Partnerstadt Hof sendet Ihnen unbekannter Weise eine Familienlose Dame. Telefonisch hat es leider nicht geklappt. Auch ich teile die Freude u. Begeisterung mit Ihnen u. allen Landsleuten. Dieses Jahr wollte ich zum Spitzenfest[115]*. Kam aber nicht dazu. Ich besaß den kl.*[einen] *Grenzverkehr. Plauen möchte ich gern wieder mal sehen, aber erst im Frühjahr.“*

***

Im Dezember 1989 schickte eine Person, ob Mann oder Frau ist unbekannt, aus dem Fichtelgebirge in Bayern einen Weih-

115 Anm.: Spitzenfest bezieht sich wahrscheinlich auf die „Plauener Spitze“

nachtsgruß an einen ehemaligen Nachbarn in Plauen im Vogtland.
Viel Text stand nicht auf der Ansichtskarte – dafür ein sehr treffendes Gedicht über die neu gewonnene Freiheit verbunden mit den Weihnachtswünschen:

„Frohe Weihnacht '89."

Dieses Gedicht wurde vielleicht aus einer Zeitung ausgeschnitten. Es gibt keinen Quellenhinweis, so dass der Abdruck nicht möglich ist. Sinngemäß wird in drei Strophen die Freude der Menschen über den Frieden, Dankbarkeit, Herzlichkeit und das Ende der Trennung, was soviel Leid gebracht hat, zum Ausdruck gebracht.

***

Die positiv gestimmten Menschen freuten sich über die neue Freiheit und luden umgehend ihre Verwandten aus Bayern ein.

Es ist Januar 1990:

„Liebe Münchner!
Für Lisas Karte vom 28. Dezember vielen herzlichen Dank. Wir warten jeden Tag auf Euch! Warum macht Ihr Euch nicht auf die Socken? Außer Begrüßungsgeld gibt es bei uns fast alles. Laßt es uns wissen!"

***

Ebenfalls im Januar 1990 schrieben ehemalige Kolleginnen aus einem Krankenhaus in Nordrhein-Westfalen an eine Frau in Sachsen-Anhalt.

„Wir freuen uns sehr, von Ihnen Post erhalten zu haben und daß Sie noch so gerne an uns zurückdenken. Wir hoffen, daß sich in der DDR noch einiges tut und sich zum Guten wendet. Nochmals herzliche Grüße wünschen Ihnen Ihre Kolleginnen."

***

Es ist Februar 1990: Eine Mutter, die sich gerade in Königstein/Sachsen aufhielt, schrieb an ihre Kinder in der Nähe von Dresden ein paar Neuigkeiten aus der Familie.

„Will Euch gleich meine glückliche Ankunft melden. Rolf ist mit heutigem Tag aus der Armee entlassen. Die Ausreise hat er auch schon. Er fährt noch heute Abend ab nach München u. will aber nochmal wiederkommen, nur kurz. Seid alle herzlich gegrüßt".

Die DDR besteht noch, das Motiv der Briefmarke wird wohl bald der Geschichte angehören, aber noch wusste man nicht, welchen Verlauf die Politik nimmt. Keiner wusste, ob die Grenze vielleicht doch wieder geschlossen wird und daher machte sich so mancher lieber eher als zu spät auf den Weg in Richtung Westen.

***

Im Mai 1990 erhielt eine Familie im Erzgebirge Post aus Garmisch-Partenkirchen. Begeistert schrieben die Urlauber aus dieser ihnen noch unbekannten Region.

„Herzliche Grüße aus Bayern, Tirol und Italien senden Ihnen Ihre.... Man kann die Herrlichkeit der Berge u. Landschaft gar nicht fassen u. das Wetter meint es herrlich. Die Zeit vergeht viel zu schnell.“

***

Erste Erfahrungen als potenzielle „Neu-Bundesbürger“ machten Kurgäste aus der DDR in der Tschechoslowakei. Im Juni 1990 verlebten Tante und Nichte ihren Kuraufenthalt in Franzensbad. Sie schrieben ihre Erlebnisse an Nachbarn im Erzgebirge.

„18.6.90
Liebe Familie K.! Vielen Dank für die Ostergrüße. Wie Sie sehen, sind wir jetzt schon zur Kur, es gab keinen anderen Termin, wollten auch später, 1989 bekamen wir keinen Platz, war schade. Es ist wieder sehr schön, alles bestens. Es hat sich auch einiges geändert, sitzen jetzt gemischt, sind mehr DDR-Bürger als BRD-Bürger, hat auch seinen Grund, man erzählte es mir. Viele Grüße an Sie beide.“

Die Währungsunion stand noch bevor, so dass weiter mit DDR-Geld bezahlt werden musste. Es war so eine Art Übergangssituation. Für die Bürger aus der Bundesrepublik sicherlich auch eine neue Erfahrung, denn die Zeit der alleinigen Herrschaft bedingt durch die „harte DM“ gehörte nun bald der Vergangenheit an. Man musste sich daran gewöhnen, dass die DDR-Bürger nun ebenfalls mit „Westgeld“ bezahlten. Das uneingeschränkte Privileg als Westdeutscher war vorbei!

***

Ebenfalls im Juni 1990 übermittelten Feriengäste an ihre Freunde im Erzgebirge Urlaubsgrüße von der Insel Rügen.

„Ganz herzliche Urlaubsgrüße von Binz. Wir haben herrliches Wetter u. wohnen im FDGB-Heim. Waren am Dienstag mit der Fähre in Schweden. – Ein Erlebnis – . Auch Bornholm ist von Saßnitz aus wieder möglich, aber zeitige Kartenbestellung von zu Hause aus nötig!"

Über Jahrzehnte war es lediglich möglich, von Saßnitz aus in der Ferne Schweden zu erahnen. Die Fähre fuhr in all den Jahren, aber für DDR-Bürger unzugängliches Terrain.[116]

***

Im Juli 1990 grüßte ein Urlauber, der an der Ostsee weilte, die Mitglieder seiner Freiwilligen Feuerwehr in Thüringen. Inzwischen wurde das Zahlungsmittel mittels Währungunion auf D-Mark umgestellt, so dass die Leute nunmehr ins bis dahin nicht erreichbare westliche Ausland fahren konnten. Aber vielleicht buchte man den Ferienplatz an der Ostsee schon längerfristig.

„17.07.90 Wasser 18°, Luft 25 ° leichter NW
Viele Grüße übermittelt Familie R.
Beste Urlaubsbedingungen, Zimmer mit Blick zur See, wie auf „Mallorca". Auch die Preise. Aber man gönnt sich ja sonst nichts. Tschüß."

***

116 Siehe auch: Das kreativste Reiseland – Auf Reisen gehen...während der DDR Zeit, Hrsg. v. C. Stosik (2019), S. 100

Es ist Ende Juli 1990. Urlauber aus dem Vogtland berichteten ihren Lieben in Chemnitz – ziemlich schnell verbannte man den Namen Karl-Marx-Stadt und die Stadt hieß wieder Chemnitz – von ihren Erlebnissen und Unternehmungen in die nähere und weitere Umgebung.

„Die 3 Vogtlandurlauber grüßen Euch recht herzlich......Am Montag wollen wir nach Hof fahren wegen „Schlußverkauf“, sicher wird starker Andrang sein, in Selb waren wir schon – wunderschön.“

Erste Erfahrungen bezüglich „Kaufrausch“ werden gesammelt. Beim „Sommerschlussverkauf“ ergibt sich die erste Gelegenheit, sich ins Gewühl zu stürzen. Man nimmt es gern in Kauf, schließlich zahlt man nun in Westmark und meint günstige „Schnäppchen“ zu ergattern. Leute, die Westfernsehen empfangen konnten, wussten Bescheid. Nun wollten sie sich vom Spektakel selbst überzeugen und reihten sich mit ein in die Käuferschar.

***

Nun konnten sich die ehemaligen Brieffreundschaften in natura sehen und im Juli 1990 ging eine Karte aus der Rhein-Main-Gegend in ein kleines Dorf im Erzgebirge auf die Reise.

„Liebe Familie N.!
Wir bedanken uns herzlich für Ihren netten Reisebericht. Auch wir freuen uns mal auf ein Wiedersehen. Es müßte ja nicht unbedingt [Name des Dorfes] *sein. Auch bei uns gibt es schöne Ecken. Wie läuft es nun bei Euch? Würde uns sehr interessieren.“*

***

Im September 1990 kurz vor dem „Tag Deutschen Einheit", gebührend gefeiert mit einem großen Fest in Berlin, spiegelte sich in den schriftlichen Mitteilungen auch ein wenig Sorge vor der Zukunft wider. Die erste Euphorie nach dem Mauerfall ist verflogen, der Alltag hielt wieder Einzug und mit ihm die Auswirkungen der zu erwartenden ökonomischen Konsequenzen. Eine schöne Postkarte aus dem Seebad Ahlbeck zeigt auf eindringliche Weise, dass derjenige auch im Urlaub seine Gedanken betreffs seiner beruflichen Weiterentwicklung nicht abschalten konnte

„Seebad Ahlbeck, d. 7. Sept. 1990!
Liebe Familie R.!
Bin fast 32 Jahre im Betrieb, nun habe ich „schnell", bevor hier geschlossen wird, auch mal einen Ferienplatz im BE-Heim bekommen! Es war Zeit, vom „grauen" Alltag abzuschalten, das Leben im Land spielte „verrückt" Wir haben schon 6 Wochen die Kurzarbeit, sieht gar nicht gut aus! Heiner war 8 Wochen ohne Arbeit, jetzt hat er sich in der BRD Arbeit gesucht! Familie ist hier, mal sehen wie es weitergeht! Die „roten Bonzen" haben uns um's Leben betrogen! Wetter könnte besser sein! Trotzdem, im Heim fühlen wir uns wohl, die Urlaubstage gehen schnell vorbei!..."

Und als Nachsatz:
„Die Jahre vergehen, auch wir werden alt!"

***

Ebenfalls im September 1990 schrieb eine Frau von ihrem Kuraufenthalt an eine Bekannte und stellte die Teuerung fest. Es sind die Wahrnehmungen einer älteren Frau, die sich erst einmal an die neue Situation in Deutschland gewöhnen muss. Ihre

Eindrücke beschreibt sie ausführlich, eng beschrieben, auf einer Ansichtskarte aus Eisenach.

„Mal wieder ein Lebenszeichen, denn man will ja auch mal etwas im Briefkasten finden. Also im Berghof sehen wir uns bestimmt nicht, das eine Mal hat genügt. Frau W. und ich, wir hatten genug davon. Tja, was überhaupt da nun wird? Ich hatte ja immer voll bezahlt, die Rente ist dieselbe, aber es ist dort alles teuer u. wird noch teurer. Und wo sollen nun die Zuschüsse herkommen. Dann bleibt es teuer. Wenn ich auch nicht so ein herzliches Familienverhältnis habe. Für so eine alte Oma hat die heutige Jugend kein Verständnis. Auch diese ganze Zeit jetzt finde ich nicht gerade schön. Unsere paar Jahre werden wir schon noch schaffen. Jetzt grault man sich vor dem Winter u. bei anderen Leuten stehen Tag u. Nacht die Fenster auf. Ob die Anni auch wieder zur Überwinterung fährt u. dabei hat sie eine schöne warme Wohnung. Ich hoffe Sie einigermaßen gesund. Herzlichst"

Aus diesen Zeilen spricht viel Unsicherheit vor der Zukunft. Sie möchte mal wieder Post erhalten und schreibt daher, eher aus Langeweile, an ihre Bekannte. Das Geschriebene wirkt etwas pessimistisch, vielleicht hat sich ihre Familie zurück gezogen, weil sie eigene Probleme hat. Die Rentner hatten zumindest ein festes Einkommen, andere mussten um ihre Arbeit bangen. Die Zeit des Umbruchs empfindet sie als bedrohlich. Sie schreibt über Belanglosigkeiten bzw. die Gewohnheiten anderer Leute. Ob die Empfängerin von dieser Karte begeistert war, sei dahin gestellt. Eigentlich hätte sie sich die Karte sparen können, denn die Stimmung wird ungünstig beeinflusst. Aber sie wollte, vielleicht mangels Gesprächspartner, ihre Eindrücke und Empfindungen einmal loswerden. Die längste Zeit ihres

Lebens lebte sie in der DDR, so dass ihr eine Umstellung in die neuen Verhältnisse schwerer fällt als jüngeren Leuten. So ist es bestimmt vielen Menschen damals ergangen.

***

Viele Leute genießen aber die neue Freiheit, davon erzählt eine Ansichtskarte aus Teneriffa.

„Die herzlichsten Urlaubsgrüße von Teneriffa sendet Ihnen Familie M.
Bei 38 ° Luft u. 23 ° Wasser Temperaturen kann man das Leben gut genießen. Hotel u. Essen sehr gut. Immer wieder wird man daran erinnert, was man uns für Jahre an Freiheit geraubt hat. Wir versuchen nachzuholen solange es geht. Tschüß"

***

Intershop

Zum Thema „Kommunikation zwischen Ost und West“ passt das Thema Intershop nur indirekt, soll aber an dieser Stelle mit aufgeführt werden. Menschen bekamen Westgeld geschenkt, sei es bei einem Besuch oder manchmal, wenn der Brief unkontrolliert durchging, auch per Post. Auf diese Weise durften sich einige DDR-Bürger wie ein West-Bürger fühlen, wenn sie mit der DM einkaufen gingen.

Anfang der 1960er Jahre gründete die DDR-Regierung in Berlin Friedrichstraße den ersten „Intershop“. Anfangs kauften nur westliche Besucher mit „harter Währung“ in diesem Laden ein – natürlich westliche Waren.
Ab 1974 durften offiziell auch DDR-Bürger Westmark besitzen und in diesen Läden ihre Wünsche erfüllen. Genau wie die Westpakete strömte einen beim Betreten dieses Geschäfts ein betörender Duft entgegen – ein Gemisch aus Seife, Deo, Kaffee, Schokolade u.a. – , welcher Sehnsucht nach der großen weiten Welt weckte. Zumindest fühlte man sich auf 30 m² als Westbürger. Auch wenn man meist nur einen einzigen Geldschein in der Tasche hatte, freute man sich, einmal privilegiert einkaufen zu dürfen. Mir persönlich hatten es besonders die Jeans angetan. In der DDR war es nicht möglich, echte Levis-Jeans zu kaufen, so dass nur der Intershop blieb – sofern man die Chance erhielt –, einmal im Besitz von Westgeld zu sein. Anlässlich meiner Jugendweihe im Jahr 1976 hatte ich das Glück und bekam 40 DM geschenkt, die ich sofort in den Kauf einer Jeans umsetzte. Es war zwar keine Levis, aber trotzdem eine qualitativ hochwertige Jeans. Im Laufe der Jahre entstanden immer mehr dieser Intershops, so auch in Dresden wie das folgende Beispiel zeigt.

„Das Geburtstagsgeschenk – Oktober 1984
Seit Jahren bewohnt ist das Neubaugebiet Dresden-Gruna an der Zwinglistraße, und gleichfalls seit Jahren steht eine Ladenzeile in diesem Neubaugebiet ungenutzt, vermutlich deshalb, weil sie nichts haben, was man dort verkaufen könnte.

Um diese brachliegenden Kapazitäten einer sinnvollen Nutzung zuzuführen, sind findige Köpfe auf die Idee verfallen, dort einen Intershop einzurichten. Die Eröffnung fand in der Woche vor dem 35. Jahrestag der Gründung der DDR statt.

Schlangestehen am Intershop im Stadtzentrum von Dresden an der Ringstraße in den 1980er Jahren

Hundestaffeln der Volkspolizei wachten darüber, daß sich Freudenbekundungen der Bewohner über dieses Geburtstagsgeschenk in Grenzen hielten.“[117]

***

117 Stosik, Claudia (Hg.): Über die DDR: Die Versorgung, der Handel, der Mangel, die Schlangen und anderes, S. 70

Telefonate

Als weitere Möglichkeit, mit den Westverwandten oder Bekannten im Kontakt zu bleiben, blieb als Kommunikationsmittel noch die telefonische Verbindung. Von zu Hause aus zu telefonieren war für die meisten DDR-Bürger nicht möglich, es sei denn, man kannte jemanden der ein Telefon besaß.

„Frau M. hat kein Telefon, aber mein Sohn im Haus, er hat eine Schlosserei. Aber bitte Vormittag oder gegen Abend anrufen, da nachmittags meine Schwiegertochter im Dienst ist u. das Telefon nicht in der Werkstatt…"

Es hört sich etwas umständlich an, aber jede sich nur bietende Gelegenheit wusste man zu nutzen.

Jedoch verfügten die meisten Leute nicht über einen eigenen Telefonanschluss. Daher bot sich als eine weitere Variante an, ein Ferngespräch auf der Post zu führen. Einige nutzten das Telefon im Betrieb, sofern sie ungestört sprechen konnten – und das konnte nur der, welcher in der Telefonzentrale des meist größeren Betriebes arbeitete.
Im November 1961 schrieb eine Mutter aus Leipzig an ihre Tochter in München eine Karte, worauf zu lesen ist:

„Eigentlich sollte es heute ein Brief werden, aber wir hatten Wäsche, da bin ich nun k.o. Wenn es klappt, morgen ein „langer". Wir zehren einstweilen von unserem Gespräch, war doch schön, bißchen teuer (9,45), aber das ist egal. Wäsche ist prima geworden, weniger Arbeit als sonst. Bin Dir sehr dankbar. So, nun geht es zum „Federball". Gute Nacht. Sei recht lieb gegrüßt…."

Die Ferngespräche in die BRD kosteten eine Menge Geld, daher fasste man sich meist kurz. Da die Frau genau wusste, wie viel das Ferngespräch kostete, ist davon auszugehen, dass sie das Telefonat auf einem Postamt führte. Der Betrag von fast 10 Mark entsprach im Jahr 1961 mindestens 5 Arbeitsstunden!

***

Manchmal musste die Verbindung, wie im nächsten Beispiel aus der BRD, über das Fernmeldeamt angemeldet werden – das war aber keine Garantie für ein Ferngespräch in die DDR. Davon berichtete eine Frau. Es muss in den 1970er Jahren gewesen sein, der Poststempel ist durch Entfernen der Briefmarke nicht mehr vorhanden.

„Siehst Du, seit Tagen bin ich hier in Bremen.....Aber mit dem Telefon hat es einfach nicht geklappt, um 23.30 Uhr riefen sie vom Fernamt an u. sagten sie haben noch keine Verbindung, da habe ich zurückgezogen.“

***

Viele Jahre später vereinfachte sich die telefonische Verbindung von West nach Ost – zumindest in der Erreichbarkeit der Empfänger.

In einem Brief vom 16. Dezember 1977 aus München berichtete der Bruder meines Vaters folgendes:

„Ab gestern kann man in den Bereich Leipzig direkt telefonieren, dazu gehört auch Groitzsch (b. Pegau), aber nicht Pegau.“

***

Nachbemerkung

Millionen Briefe, Postkarten und Pakete wurden in Zeiten der deutschen Teilung von Ost nach West und umgekehrt befördert. Einen kleinen Teil davon haben meine Verwandten dazu beigetragen. Nicht desto trotz standen viele tausende Familien in dieser Zeitspanne im ständigen Kontakt.

Aus den schriftlichen Quellen ist oft ersichtlich, dass die Leute, die nach dem Westen übergesiedelt sind, manchmal noch einen starken Heimatbezug verspürten. Die ehemaligen DDR-Bürger genossen die Vorzüge des westlichen Lebens mit all den Freiheiten, aber die Erinnerung an die alte Heimat verblasste nie. Vielleicht schwankten einige Menschen zwischen den beiden Welten, jedoch konnte man sich nur für einen Teil Deutschlands entscheiden. Die Leute im Westen ließen es sich gut gehen, verreisten oft drei oder vier Wochen und das mitunter zweimal im Jahr. Für die möglichst lange Erhaltung der Gesundheit wurde „gekurt", denn oft las ich bunte Ansichtskarten aus mondänen Kurorten.

Die Rentner aus der DDR waren in diesen Jahrzehnten noch am besten dran, denn: vorausgesetzt sie hatten Verwandte im Westen, durften sie sich pro Jahr vier Wochen in der BRD aufhalten. Das nutzten natürlich viele Rentner aus. Von da aus organisierten die Gastgeber Ausflüge nach Österreich, in die Schweiz und manchmal sogar nach Italien.

Immer wieder fiel mir auf, dass jeder auf beiden Seiten Deutschlands den Kontakt aufrecht erhalten wollte. Auch wenn manchmal ein paar Monate zwischen den Briefen lagen, riss die Verbindung nicht ab. Die DDR-Bürger freuten sich über

Westpakete, die, aus heutiger Sicht betrachtet, vielmehr als Hilfsgütersendungen für die „bedürftigen“ Menschen in der Ostzone fungierten, auch wenn als Deckblatt „Geschenksendung keine Handelsware“ vermerkt werden musste.

Die teils unterwürfige Schreibweise einiger DDR-Leute war nicht zu übersehen, denn solche übertriebenen Dankeszeilen für Kaffee und Schokolade sind aus der heutigen Perspektive überhaupt nicht mehr zu verstehen. Ein letztes Beispiel – wieder aus Sachsen nach München – soll dies verdeutlichen:

„W. d. 1.3.77
Ihr Paket habe ich am 28.2. bekommen. Haben Sie vielen Dank für all die schönen Sachen. Ich habe mich sehr über alles gefreut. Für den kl[einen] *Jan war es auch eine große Freude. Er ist doch so gern Schokolade. Auch der schöne Kaffee kam wie gerufen. Nochmals vielen, vielen Dank...Ihre dankbare E.“*

Jedoch lebten in der DDR auch eine Menge Leute, welche nicht nach Bedarf auf Westverwandtschaft oder Bekanntschaft zurückgreifen konnten, und diese Leute sind auch nicht verhungert, haben Kaffee getrunken, wenn auch in bescheidenem Maße. Man kann schon von einer zumindest kleinen Spaltung der Gesellschaft reden.

Die Erkenntnisse sind nicht neu, aber da ich mich intensiv mit diesem Thema auseinandersetzte, trat die ganze Problematik noch einmal sehr deutlich hervor. Auf Grund der enormen Vielfalt von schriftlichen Mitteilungen ergaben sich für mich persönlich erweiterte Erkenntnisse über die kleinen und großen Sorgen der Menschen, aber auch über die schönen Erlebnisse im geteilten Deutschland. Einige Postkarten berührten mich allerdings besonders, weil die Ausweglosigkeit der politischen Lage und die damit verbundene Traurigkeit über die endgültige Trennung der Familien klar zum Ausdruck gebracht wurde. Mit der unüberwindlichen Grenze durch Deutschland, besonders nach 1961, hatte schließlich niemand gerechnet.

Nach dem Mauerfall verschwand auf einmal der Status „guter Westonkel“ oder „Erbtante aus dem Westen“. Es passte wahrscheinlich nicht jedem Westdeutschen, dass die überlegene Position gegenüber den „Zonenbewohnern“ nun eingebüßt wurde. Jedoch haben sich die Differenzen zwischen Ost und West nicht auf einmal aufgelöst, schließlich entstanden sie durch die unterschiedlichen Lebensbedingungen infolge der jahrzehntelangen Teilung Deutschlands.

Man arrangierte sich neu, nun durften die DDR-Bürger nach Herzenslust ihre Verwandten in der BRD besuchen. Ich denke an den Kultfilm „Go Trabi go“, als die Anhaltiner-Sachsen plötzlich bei der lieben Verwandtschaft in Bayern auftauchten, die gar nicht so begeistert davon war. Schnell wurde die erzgebirgische Pyramide hervor geholt, entstaubt und auf die Anrichte gestellt. Die teure Torte verschwand im Schrank, lediglich paar Nüsse zum knabbern stellten die bayerischen Verwandten auf den Tisch. Man bediente das Klischee: Die geizigen Westverwandten und die Bedürftigen aus der Ostzone. Aber das ist nicht die Regel gewesen, so denke ich. Die Zeit des geteilten Deutschlands gehört der Vergangenheit an. Es war keine einfache Zeitepoche und von daher soll dieses Büchlein an die Sorgen und Freuden der Menschen von damals erinnern.

Dresden im Juni 2023

Verwendete Literatur und Quellen:

Benz, Wolfgang: Potsdam 1945 – Besatzungsherrschaft und Neuaufbau im Vier-Zonen-Deutschland, München 1994, 3. Auflage

Kabus, Petra: Das Westpaket, in: Sabrow, Martin (Hg.): Erinnerungsorte der DDR, München 2009

Stosik, Claudia (Hg.): Kuriose Grenzgeschichten – Mai 1945 bis November 1989, Leipzig 2017

Stosik, Claudia (Hg.): Das kreativste Reiseland – Auf Reisen gehen.... während der DDR-Zeit, Leipzig 2019

Stosik, Claudia (Hg.): Man hat´s nicht leicht, so als Student-Architekt wollte er werden – Zeitgeschichte der Jahre 1948 bis 1954, Leipzig 2018

Stosik, Claudia (Hg.): Wir sind im Land unserer Träume...Eine Reise von Dresden nach Italien im Sommer 1957, Leipzig 2017

Stosik, Claudia (Hg.): Über die DDR: Die Versorgung, der Handel, der Mangel, die Schlangen und anderes, Leipzig 2019

Wiener, Friedrich: Die Armeen der Warschauer Pakt-Staaten, Wien 1974

Quellen:

- Hüfner, Hans: Zeitgeschichte aus der Froschperspektive Teil III, 26.-31. Kapitel, Dresden 2000
- Hüfner, Hans: Alltag in der DDR, Dresden 1999
- Brigadetagebuch Nr. 13 von 1981 des Landbaukombinat Dresden
- Stosik, Claudia: „Meißner Porzellan und Kaffeegenuss“, Referat 2022

Erwähnte Literatur:

Bender, Peter: Episode oder Epoche? Zur Geschichte des geteilten Deutschland, München 1996
Dietzsch, Ina: Grenzen überschreiben? Deutsch-deutsche Briefwechsel 1948-1989, Köln 2004
Merkel, Ina: Utopie und Bedürfnis. Die Geschichte der Konsumkultur in der DDR, Köln 1999
Sigmund, Monika: Genuss als Politikum, Kaffeekonsum in beiden deutschen Staaten, München 2015
Soch, Konstanze: Eine große Freude? Der innerdeutsche Paketverkehr im Kalten Krieg (1949-1989), Frankfurt am Main, 2018
Staritz, Dietrich: Die Gründung der DDR, Von der sowjetischen Besatzungsherrschaft zum sozialistischen Staat, München 1. Auflage 1984, 3. überarbeitete Auflage 1995

Internet:

Q.: wikipedia/wiki/Mindestumtausch#Ablauf_DDR (01.2023)
Q.: Grundlagenvertrag – Wikipedia (04.2023)

Alle Briefe, Postkarten und Fotos sind aus dem Archiv der Autorin. Die Texte werden in Originalschreibweise verwendet.

Bildnachweise:

Alle Fotos stammen aus dem eigenen Archiv

Personen:
Großvater der Autorin: Paul Hüfner, Groitzsch b. Leipzig
Abkürzung: P. Hüfner (1895-1986)
Großmutter der Autorin: Johanna Hüfner, Groitzsch
Abkürzung: J. Hüfner (1901-1997)
Vater der Autorin: Hans Hüfner, Dresden
Abkürzung: H. Hüfner (1926-2009)

Anhang:

Publikationen der Herausgeberin und Autorin beim Engelsdorfer Verlag:

- **Schicksale im Ersten Weltkrieg**
  Erinnerung und Gedenken an Menschen in Dresden-Pieschen, Leipzig September 2016
- **Kuriose Grenzgeschichten**
  Mai 1945 bis November 1989, Leipzig 2017
- **Wir sind im Land unserer Träume**...
  Eine Reise von Dresden nach Italien im Sommer 1957, L. 2018
- **Man hat´s nicht leicht, so als Student**
  Architekt wollte er werden. Zeitgeschichte der Jahre 1948 bis 1954, Leipzig 2018
- **Das kreativste Reiseland**
  Auf Reisen gehen… während der DDR-Zeit, Leipzig 2019
- **Über die DDR:**
  Die Versorgung, der Handel, der Mangel, die Schlangen und anderes, Leipzig 2019
- **Aller Anfang ist schwer…**
  ARCHITEKT ist er geworden – Zeitgeschichte der Jahre 1954 bis 1989, Leipzig 2020 (Teil 2 zu: Man hat´s nicht leicht...)
- **TÜRKEI – Entdeckungen im Morgenland**
  Reisen von 1990 bis 2017, Leipzig 2020
- **Vom MILLENNIUM bis zum Jahr 2021**
  Episoden aus dem Alltag, Leipzig 2021
- **Schreiben Kinder heute noch Postkarten?**
  ERLEBNISSE aus dem FERIENLAGER, Leipzig 2022
- **Schreiben Menschen heute noch Postkarten?**
  ERLEBNISSE vom OSTSEESTRAND, Leipzig 2022